Hubertus Scheurer
Erlebnisse im Hotel mit König Alfred
und seinem Hanswurst

AF222536

Hubertus Scheurer

Erlebnisse im Hotel mit König Alfred und seinem Hanswurst

Der Kampf eines Bürgers gegen ein Unternehmen mit faschistoiden Verhaltensweisen

Band VIII.

Bibliografische Information Der Deutschen Bibliothek
Die Deutsche Bibliothek verzeichnet diese Publikation
in der Deutschen Nationalbibliografie;
detaillierte bibliografische Daten sind im Internet über
http://dnb.ddb.de abrufbar.

Bibliographic information published by
Die Deutsche Bibliothek
Die Deutsche Bibliothek lists this publication in the
Deutsche Nationalbibliografie;
detailed bibliographic data
are available in the Internet at http://dnb.ddb.de.

Herstellung und Verlag: Books on Demand GmbH, Norderstedt
ISBN: 978-3-8334-7978-6

Informationen über:
www.Hubertus-Scheurer.de

INHALTSVERZEICHNIS

Vorwort

Die neuerliche Werbung an Plakatwänden und Litfaßsäulen fand wiederum keine spürbare Beachtung, weder in der Bevölkerung noch bei der Presse.

Das spricht für sich, sagte mir einer meiner Leser, und er hat recht, ich sehe das genauso; dies kann einem wirklich zu denken geben.

Immerhin hat meine Werbung jedoch bei König Alfred eine gewisse Wirkung erzielt als er das erste Plakat an einer Litfaßsäule entdeckte. (Sh. »An der Litfasssäule« und »Wurst und Freiheit«)

Er ist daraufhin zu seinem Advokaten gelaufen, der aber offenbar aus der Erfahrung etwas gelernt hat und den König diesmal von unbedachter und vorschneller Handlung abhielt.

So riet der Advokat dem König zuerst seine Kartenlegerin zu befragen (Sh. »Heidi rief K.«) und es läßt sich vermuten, daß sie ihm davon abgeraten hat, das Gericht in Anspruch zu nehmen, denn bisher habe ich keine gerichtliche Mitteilung erhalten.

Dennoch gibt es eine interessante Neuigkeit. König Alfred hat sich von seinem Hanswurst getrennt!

Darüber berichte ich am Schluß dieses Buches. So verbleibt eine Reihe von Geschichten über König Alfred und seinem Hanswurst, die ich nicht mehr aufnehmen konnte.

Sofern eine weitere Fortsetzung folgt, was zur Zeit fraglich erscheint, werde ich auf diese Geschichten zurückgreifen.

Voraussetzung dafür dürfte aber wohl sein, daß König Alfred doch wieder etwas gegen die neu erschienenen Bücher unternimmt oder daß sich offizielle Stellen dazu äußern.

Jedenfalls werde ich die Titel der noch nicht bzw. aufgrund des Verbotes nicht mehr veröffentlichten Gedichte schon einmal am Ende dieses Bandes aufführen.

Die dort nicht erwähnten Gedichte sind bereits in den Sonderausgaben »66 heitere Geschichten« und »Die frivolen Geschichten« enthalten.

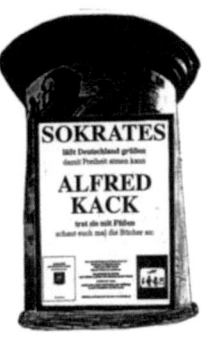

An der Litfaßsäule

König Alfred ging spazieren,
Kalt war's, er begann zu frieren;
Plötzlich sah er seinen Namen
Groß gedruckt im schwarzen Rahmen,

Vor sich an der Litfaßsäule,
Dachte, ihn träf eine Keule;
Sokrates, K. konnt's nicht fassen,
Wurd der Vortritt dort gelassen,

Und er selbst kam erst als Zweiter,
Das fand er weiß Gott nicht heiter,
Dann noch diese beiden Thesen,
K. mußt' immer wieder lesen:

Sokrates läßt Deutschland grüßen,
K. tritt Freiheit hier mit Füßen;
Das war nun zu viel des Guten,
Daher ist auch zu vermuten,

Daß K. nach dem Haareraufen
Ist zum Advokat gelaufen,
Denn er machte eine Wende,
Nahm die Beine in die Hände.

Wurst und Freiheit

Heidi, heida, K. ist bereit,
Jetzt geht er wieder los der Streit,
K. will erneut, gibt er zum besten,
Den Unverstand der Richter testen.

Denn hätten die auf ihn gehört,
Er faßt es nicht, ist höchst empört,
Der Schuldner hätte längst verloren,
Im Knast dort würde er jetzt schmoren.

Daß Sokrates läßt Deutschland grüßen,
Schwer soll dafür der Schuldner büßen,
Und danach schaun wir uns mal an,
Sagt K., ob Freiheit atmen kann.

Tret ich erst einmal richtig zu,
Dann hat die liebe Seele Ruh',
Man wird an meinen Tischen tafeln
Und nicht mehr von der Freiheit schwafeln.

Es revoltiert kein satter Bauch,
Das wußte Sokrates wohl auch,
Der Schuldner mag nach Freiheit dürsten,
Ich kauf sie mir mit meinen Würsten.

<u>Heidi rief K.</u>

Heidi, rief K., es ist soweit,
Heida mein Furz, bist Du bereit?
Jetzt geht er weiter unser Streit,
Ich mein auch, es wird höchste Zeit,

Daß wir den Mut des Schuldners kühlen,
Denn wer nicht hören will, muß fühlen.
Der Schuldner, er war schlecht beraten,
Er ärgert mich mit den Plakaten.

Die Richter werden glücklich sein,
Sie stelln ihm sicher gern ein Bein,
Denn die, mein Furz, ich sage Dir,
Hat er genauso im Visier.

Sie werden seine Streitlust dämpfen,
Denn gegen Richter anzukämpfen,
Zeigt mir, der Kerl muß wirklich spinnen,
Zumindest ist er nicht bei Sinnen.

Das kostet ihn sein letztes Geld,
So hab ich mir das vorgestellt,
Heidi, heida, es ist soweit,
Nun endlich wird er wohl gescheit.

Doch Furz der meinte, nicht so schnell,
Ich zög dem Schuldner gern das Fell
Mit Wonne über seine Ohren,
Hätt er für immer dann verloren.

Nur, würd ihn das nicht noch beflügeln?
Er ließ erst recht sich nicht mehr zügeln
Würd dann vielleicht das Verseschreiben
Vor Wut bis zum Exzeß betreiben.

Wir müssen drum, bevor wir klagen,
Die Kartenlegerin befragen;
Somit gilt es noch abzuwarten,
Das Resultat steht in den Karten.

Für die freiheitliche Welt

Sokrates läßt Deutschland grüßen,
Damit Freiheit atmen kann;
Alfred K. trat sie mit Füßen,
Schaut Euch meine Bücher an,

Um darüber nachzudenken,
Ob als Einzelne bereit,
Ihr Euch laßt nicht auch beschränken,
Kämpfer für die Freiheit seid.

Ein moralisches Gewissen
Ist der Freiheit Grundbestand,
K. läßt dieses ganz vermissen,
Haben Richter das erkannt?

Nein, sie wollten gar nicht lesen,
Urteiln lieber aus dem Bauch,
Sind dafür zu stolz gewesen,
Und es mangelt ihnen auch

Am moralischen Bewußtsein,
Das die Sinne wach uns hält,
Legt dadurch zugleich den Grundstein
Für die freiheitliche Welt.

Zucht und Freiheit

Freiheit läßt sich nicht erleben,
Wenn gedanklich wir entschweben,
In der Tat nur, nicht durch Flucht
Und der Selbstbeschränkung Zucht.*

Deshalb mußt ich mich erheben,
Aus Protest die Verse kleben,
Doch wir sahen, das Gericht
Schätzte diese Freiheit nicht.

Freiheit durch die Zucht dagegen
Scheint probat den Rechtsstrategen,
Weil man mit der Ordnungshaft
Wahres Rechtsbewußtsein schafft.

Unfreiheit im Hafterleben
Kann es deshalb gar nicht geben,
Wenn die Denkstrukturen blind
In der Zucht verhaftet sind.

*Sh. Dietrich Bonhoeffer »Freiheit und Zucht«
geschrieben nach dem 20. Juli 1944 im Gefängnis Tegel

Hanswurst röhrt nie wieder

Als Hanswurst mal wieder röhrte
Und damit die Gäste störte,
Rief der König, das ist toll,
Jetzt hab ich die Nase voll;

Werd dem Hanswurst nichts mehr sagen
Doch ihm einen Schreck einjagen,
Daß ihm Hörn und Sehn vergeht,
Er nur noch um Gnade fleht.

Hanswurst dacht', mich laust der Affe
Als der König mit der Waffe
Plötzlich um die Ecke kam,
Sofort ins Visier ihn nahm.

Alfred schien es ernst zu meinen,
Hanswurst fing nun an zu greinen,
War denn Alfred ganz verrückt,
Sah wie der den Abzug drückt.

Hörte noch den Schuß, das Knallen,
Ist wie tot gleich umgefallen;
Eine Ohnmacht, denn der Schreck
Riß ihm glatt die Beine weg.

Doch der Schuß vollzog sich ohne
Blei, war eine Platzpatrone,
Alfred hatte trotzdem leicht
Was er wollte so erreicht.

Denn als Hanswurst drauf erwachte,
Daran dachte wie es krachte,
War aufs tiefste er empört
Und hat niemals mehr geröhrt.

Die Krise

F. schlug übern Kopf die Hände,
Weil er wirklich nicht verstände,
Daß ich praktisch ohne Ende
So viel Energie verschwände,

Um mit meinen Versgeschenken
König Alfred zu bedenken;
Ja, er wäre sehr betreten,
Da ich ihm als Hofpoeten,*

Auch das wollt er nicht verhehlen,
Würd die Show am Hofe stehlen,
Denn man würd ihn nicht verschonen,
Und statt eigner Kreationen

Hätt zu seinem Unbehagen
Er die meinen vorzutragen;
Damit bleibt für seine Sorgen
Uns der Grund nicht mehr verborgen.

Daß beim Energieverschwenden
Ich könnt in der Krise enden,
Zählt nicht, es geht nur um diese,
Nämlich seine eigne Krise.

* Sh. »Erlebnisse im Hotel« Band I, Der Hofpoet, S. 182

Auf der Buchmesse

Ein gewaltiges Interesse
Fand das Kack-Buch auf der Messe;
Das war noch nie dagewesen,
Jeder wollte es gern lesen.

Die begehrten Exemplare
Waren plötzlich Mangelware;
Man sah jetzt die Leute laufen,
Nur um dieses Buch zu kaufen.

Immer länger wurd die Schlange,
Frau von Tenbusch meinte bange:
Himmel, das kann böse enden,
Stehn wir hier mit leeren Händen,

Können wir gleich was erleben,
Es wird einen Aufstand geben,
Keiner kann die Masse zügeln,
Sicher wird man sich noch prügeln.

Ja, die Fetzen werden fliegen,
Um das letzte Buch zu kriegen,
Und wir haben nichts zu lachen,
Was Frau Rathert solln wir machen?

Schließlich komme ich vom Lande,
Da bin ich doch wohl imstande,
Diesen Haufen aufzumischen,
Ich geh ganz bestimmt dazwischen,

Wenn hier jemand ungebeten
Ihnen will zu nahe treten,
Sprach Frau Rathert sehr gelassen,
Man könnt sich auf sie verlassen.

Und um dieses zu beweisen,
Ließ sie streng die Blicke kreisen,
In den Mundwinkeln ein Zucken,
Niemand wagte aufzumucken.

Als sie dann rief: Nicht aufregen,
Ich nehm Aufträge entgegen,
Warn die Wogen rasch geglättet
Und der Messestand gerettet.

Frau von Tenbusch war begeistert,
Wie Frau Rathert das gemeistert;
Der Erfolg, der so beschieden,
Machte beide höchst zufrieden.

Pressefreiheit

Das K.-Blatt schreibt was Alfred will,
Wenn der es will, dann bleibt es still,
Denn eine wäscht, das ist bekannt,
War immer so, die andre Hand.

So wird geschrieben, das macht Sinn,
Was Alfred nützt, ihm bringt Gewinn,
Davon nun hält er einen Teil
Der Zeitung stets für Werbung feil.

Für diesen wirklich guten Zweck
Läßt sie, was nicht genehm, gern weg,
Und so erscheint der Alfred halt
In jedem Blatt als Lichtgestalt.

Wer wirklich meint, die Presse sei
In jeder Hinsicht völlig frei,
Wird hier, das ist auch nicht verkehrt,
Nun eines Besseren belehrt.

Die Freiheit hin, die Freiheit her,
Doch ohne Geld läuft gar nichts mehr,
Klar, daß man singt, für den der's bringt,
Auch wenn es manchmal etwas stinkt.

Die Sünde wider den heiligen Geist*

Wird vergeben alle Sünde,
Wie es in der Bibel heißt,
Sprechen dafür gute Gründe:
Nicht die gegen Gottes Geist.

Denn vom heilgen Geist verlassen,
Könnt die Welt nicht mehr bestehn,
Würd der Ungeist sie erfassen,
Und sie müßt zugrundegehn.

Wenn Herrn Alfred, sehr vermessen,
Wird bescheinigt heilger Geist,
Scheint dies Wort jedoch vergessen,
Das auf Lästerung hinweist.

Sie wird gleichfalls nicht vergeben,
Weil den Geist sie untergräbt,
Der bestimmt zum ewgen Leben
Fern vom Bösen sich erhebt.

Alle jene, die vermischen
Böses mit dem heilgen Geist,
Sind verbannt von jenen Tischen,
Wo der Heilsempfänger speist.

* Sh. Evangelium des Matthäus,
Kap. 12, Vers 31 u. 32

Besser kein Gericht

Alfred K. im Heil zu sehen
Ist ein sträfliches Vergehen;
Nun, da bin ich aber froh,
Denn ich seh das ebenso.

Deshalb möchte ich sie loben,
Richter in den schwarzen Roben,
Oder hatte ihr Verstand
Nur den Sachverhalt verkannt?

Denn es war doch ihr Bestreben
Alfred in das Heil zu heben,
Gleichwohl störte Das Gedicht
»Un-Heil-Alfred« sie dann nicht.

Fehlten ihnen Paragraphen,
Um mich dafür abzustrafen,
Wer vermag schon zu durchschaun,
Was sie sich zusammenbraun?

So wie das sie das Recht vertreten,
Kann man für sein Heil nur beten,
Da scheint eine kluge Sicht:
Meide besser das Gericht!

KÖNIG ALFRED UND SEIN HANSWURST

Zum Text »Heil Alfred«

Den Text »Heil Alfred« lies ihn mal,
Was würdest Du dann sagen?
Vielleicht, das ist mir ganz egal,
Hab selbst genug zu tragen.

Ist unsre Welt wirklich so kalt,
Daß wir kein Unrecht sehen,
Mit Achselzucken, so ist's halt,
Und einfach weitergehen.

Ein Heil, das Alfred nicht gebührt,
Soll ich bei Strafe meiden;
Die Richter meinten ungerührt,
Sonst könnte Alfred leiden.

Doch zu den Opfern der Gewalt,
Da blieben aus die Fragen;
Es zähln wohl, ohne Vorbehalt,
Nur eingebrachte Klagen.

Sieht sie so aus die Wirklichkeit,
Dann muß ich mich empören;
Ich meine, es ist an der Zeit,
Auch weiterhin zu stören!

F. und Ziemlich

F. war ziemlich außer sich,
Diesen Fall mit Haken, Ösen,
Hier ließ ihn sein Glück im Stich,
Konnte er allein nicht lösen.

Nun, der wog auch ziemlich schwer,
F. begann zu überlegen,
Ob das nichts für Ziemlich wär,
Ziemlich, seinen Rechtskollegen.

Ziemlich war sogleich bereit,
Wollt mit F. den Sieg erstreiten,
Für ihn eine Kleinigkeit,
Ihn, den überaus Gescheiten.

Und so dachte Ziemlich nach,
Doch es zeigte sich, im Denken
War er gleichfalls ziemlich schwach,
Eigentlich konnt er sich's schenken.

Was herauskam war dann auch
In der Tat ziemlich bescheiden,
Geistge Größe, nicht ein Hauch,
Alfred lag nun schief mit beiden.

Der Sprücheklopfer

Advokatus Sprücheklopfer,
Sieht sich nunmehr selbst als Opfer;
Er verließ die rechte Bahn,
Drum fühlt ich ihm auf den Zahn;

Doch das ist er nicht gewöhnt,
Wenn er andere verhöhnt,
Hält er sich den Bauch vor Lachen,
Glaubt, das darf er gerne machen.

Ja, den Gegner, Donnerwetter,
Schickt er sonst schnell auf die Bretter;
Diesmal hat er sich geirrt,
Wundert's nicht, daß er verwirrt.

Jetzt hat er die harte Nuß,
Wo er richtig kämpfen muß;
Möchte mancher gerne sehen,
Wie wird das wohl weitergehen.

Also auf zum nächsten Gang,
Mir ist ganz bestimmt nicht bang;
Bitte aber abzuwägen,
Lohnt der Kampf mit tiefen Schlägen?

KÖNIG ALFRED UND SEIN HANSWURST

König Alfreds bitteres Erwachen

Bis ein Urteil wir bekommen,
Bleibt es uns nun unbenommen,
Die Gedanken nachzudenken
Und in Verse einzulenken.

So sind es die Wartezeiten,
Die noch Nutzen uns bereiten,
Sollte jede Zeit im Leben
Zur Besinnung etwas geben.

Möchte man dem König raten,
Aufzuschwingen sich zu Taten,
Wär doch schön, wenn der Betagte
Endlich mal die Wahrheit sagte.

Könnt für sich dadurch gewinnen,
Läßt so nur die Zeit verrinnen,
Glaubt mit Hanswurst als Strategen
Und dem richterlichen Segen,

Braucht er sich nicht aufzuregen,
Könnt sich ruhig schlafen legen;
Wie wär's, wenn nach krummen Sachen,
Kommt das bittere Erwachen?

Des Königs Zwickmühle

König Alfred, er ließ klagen,
Wollte nicht die Wahrheit sagen,
Denn die lag ihm auf dem Magen,
Schaffte ihm nur Unbehagen.

Würde er die Wahrheit sagen,
Dacht er, ging's ihm an den Kragen,
Hätt er wirklich Grund zum Klagen,
Ja, wie soll er sich betragen?

Hilft bestimmt kein Umsichschlagen,
Zeigt doch höchstens das Versagen,
Und führt hin zu weitren Plagen,
Die nur schwerlich zu ertragen.

Er sollt sein Gewissen fragen
Und der Wahrheit nicht entsagen;
Heißt es doch, man soll was wagen,
Nicht von vornherein verzagen.

Sonst wird's weiter an ihm nagen,
Immerfort in allen Lagen,
Wird er weiter es vertagen,
Muß er stets sein Päckchen tragen.

31

KÖNIG ALFRED UND SEIN HANSWURST

Der ehrenwerte König

Ist der König ehrenwert,
Läuft ganz sicher was verkehrt,
Denn zum ehrlich, wahren Schauen,
Fehlt ihm wohl das Selbstvertrauen.

Ist der wirklich ehrenwert,
Der mit Lügen sich beschwert,
Und statt ehrlich aufzuklären,
Bindet auf uns einen Bären?

Ist der wirklich ehrenwert,
Der den eignen Gast nicht ehrt,
Überläßt es den Hanswürsten
Seine Gäste abzubürsten?

Ist der wirklich ehrenwert,
Der so mit dem Recht verkehrt,
Daß für die Gerechtigkeit,
Fehlt dann leider ihm die Zeit?

Meine Ehre ist es wert,
Daß mir niemand sie entehrt;
Kämpfe gegen Lug und Trug
Bis zum letzten Atemzug.

Das Königsprivileg

Mit dem Könisgprivilege
Sind wir auf dem rechten Wege,
Darf der König jetzt beim Klagen
Gern die Unwahrheit uns sagen,

Wenn er's besser wissen konnte,
Sich im Unwissen nur sonnte;
Ich mein, es ist Rechtverdrehen,
Wenn die Richter solches sehen,

Und dem König zugestehen,
So kann es ruhig weitergehen,
Da ihm fehlte bessres Wissen,
Das er wollte gerne missen.

Fehlt noch zum Beweis der Lüge,
Daß er's Mal des Kain trüge,
Sichtbar auf der Stirn für alle,
Nur in einem solchen Falle,

Gäb es dann auch ein Verschulden,
Welches man braucht' nicht zu dulden;
So läßt sich der Weg beschreiten,
Hin zu guten alten Zeiten.

KÖNIG ALFRED UND SEIN HANSWURST

Die reputierlichen Geschäftsleute

König Alfred mit den Würsten,
Einst der Primus unter Fürsten,
War sehr stolz auf seinen Ruf,
Den er sich und Hanswurst schuf.

Wird den guten Ruf verlieren,
Weil die beiden sich nicht zieren,
Zu verleumden ihren Gast,
Wenn es ihnen grad so paßt.

Schrieb der Advokat manierlich,
Beide wären reputierlich,
Als Geschäftsleut' anerkannt,
Hier und auch im ganzen Land.

Achtbarkeit, sie soll nur währen,
Wenn ein Kaufmann hält in Ehren
Sich und andre jederzeit,
Und des Kaufmanns Ehrbarkeit.

Solche, die das nicht begreifen,
Durch den Schmutz ihr Opfer schleifen,
Werden durch ihr Tun zur Schand
Für den ganzen Kaufmannsstand.

Doch den Hanswurst und den König
Schert das leider herzlich wenig,
Glauben stärker als das Sein
Ist ihr Glanz vom falschen Schein.

Schließ die Augen

Als ich anfing mit dem Kleben,
Fürchtete um Leib und Leben
Mancher, der mir zugeschaut
Und der Staatsmacht nicht getraut.

Dacht man würde mich verhaften,
Was ich könnte nicht verkraften;
Dabei hab ich nur gewollt,
Daß man nicht verschlafen sollt,

Willkür hier in unsrem Lande,
Inszeniert von höhrem Stande;
Heißt's doch, daß ein Demokrat
Seine Augen offen hat.

Kam es auch zu dem Verbote
Einer öffentlichen Note
Des Protests, von mir geklebt,
Hab ich es doch überlebt.

Mochte zwar der König toben,
Will ich unsren Rechtsstaat loben,
Bin ja noch auf freiem Fuß,
Hörte, daß ich zahlen muß,

Sollt mit Kleben ich fortfahren,
Bis dahin darf ich noch sparen,
Dann, ja ich vergaß es fast,
Bleibt die Wahl: Geld oder Knast.

So ist vielleicht zu verstehen,
Daß man vorzieht wegzusehen;
Schließt die Augen und schaut weg,
Dann sieht man auch keinen Dreck.

KÖNIG ALFRED UND SEIN HANSWURST

Die Selbstverherrlichung

König Alfred hat es eilig,
Wär im Leben gern noch heilig,
Dachte, ich schaff's mit dem Schwung
Einer Selbstverherrlichung.

Kam ihm dieser ganz famose
Einfall mit der Symbiose,
Zwischen, wie es bei ihm heißt,
Heiligem und Kaufmannsgeist.

Das war noch nie dagewesen,
Man konnt's in der Zeitung lesen,
Wie der Kaufmannsgeist mit List
Plötzlich auch noch heilig ist.

Fehlt nur, daß zum Heil auf Erden
Heilige zum Kaufmann werden,
Um die Wirtschaft zu verstehn,
Könnten sie zum König gehn.

Der würd sie in Wirtschaftsdingen
Auf den höchsten Stand wohl bringen;
So entständ als neue Kraft,
Wunderbar die Heilswirtschaft.

Könnt die ganze Welt genesen,
Konig Alfred wär's gewesen,
Dessen heil'gen Wirtschaftsgeist
Man fortan auf Erden preist.

KÖNIG ALFRED UND SEIN HANSWURST

Die Sternschnuppen

Hotel Alfred, muß man fragen,
Wie kann es fünf Sterne tragen,
Mit dem Hanswurst als Strategen,
Der mit König Alfreds Segen,

Darf dort die Geschicke leiten,
Sich mit Alfreds Gästen streiten,
Hat er doch in seiner Birne,
Wie es scheint, ein schwaches Hirne.

Mit der Lücke im Charakter,
Trat er auf wie ein Beknackter,
Wird so einer, kaum zu fassen,
Auf die Gäste losgelassen.

So werd ich ihn nie vergessen,
Wie er arrogant, vermessen,
Sich vor mir hat aufgeblasen
Mit der hocherhobnen Nasen.

Sollt er weiter sich so geben,
Wird das kaum den Umsatz heben,
Dürften sich wohl als Sternschnuppen
Die fünf Sterne noch entpuppen.

38

KÖNIG ALFRED UND SEIN HANSWURST

Hanswurst auf der Kanone

Hanswurst saß auf der Kanone
Hinter König Alfreds Throne,
Während König Alfred aß,
Hatte er dort seinen Spaß,

Und er träumte von Münchhausen,
Sah sich auf der Kugel sausen,
Über unsren Erdenball,
Noch dazu mit Überschall.

Der Baron mit seinen Lügen,
War ein Meister im Betrügen,
Dachte Hanswurst, bitte sehr,
Ich bin grad so gut wie der.

Ja, es steht ganz außer Frage,
Ich bin gleichfalls in der Lage,
Mit der mir ganz eignen List,
Zu verkaufen jeden Mist.

Meinen König, im Vertrauen,
Laß ich wahre Wunder schauen,
Schließlich bin ich ja nicht dumm,
Führ ihn an der Nase rum.

Oh, da hätt ich's fast vergessen,
Er ist fertig mit dem Essen,
Ich bezeuge ihm die Ehr,
Und er glaubt mir jede Mär.

39

Was dem König Alfred paßt

Wenn es König Alfred paßt,
Wird in seinem Haus der Gast
Wie der letzte Dreck behandelt
Und sein Name mit verschandelt.

Wenn es König Alfred paßt,
Wird bei ihm der Gast erfaßt,
Mit Gewalt, ganz nach Belieben,
Schändlich aus dem Haus getrieben.

Wenn es König Alfred paßt,
Fordert für den Gast er Knast,
Der es wagt, dies zu verbreiten,
Um sein Recht sich zu erstreiten.

Wenn es mir als Gast nun paßt,
Abzuladen diese Last,
Soll der König drohen, klagen,
Ich werd doch die Wahrheit sagen.

Sollt man fragen nicht den Gast,
Ob ihm die Behandlung paßt?
Dann kann jeder frei entscheiden,
Ob er Alfreds Haus mag leiden.

Wenn's dem König auch nicht paßt,
Er sägt an dem eignen Ast,
Lehnt er ab, sich einzupassen,
Wenn von Freiheit wir nicht lassen.

Die rechte Sprache

Sollt man Deine Wange schlagen,
Ist mit Fassung das zu tragen;
Willst Du gern im Heil Gewinn,
Hältst Du auch die andre hin;

Und Du kannst mit milden Tönen
Den zum Besseren gewöhnen,
Der Dir Leid und Weh gebracht,
Wenn er Dich nicht drum verlacht.

Ich denk schon, man soll sich wehren,
Denn mit feingesponn'nen Lehren,
Wird das Übel man nicht los,
Es wird immer größer bloß.

Setzt man dem nicht feste Schranken,
Kommt die Rechtsordnung ins Wanken,
Wird alsdann zu guter Letzt
Durch das Übel selbst ersetzt.

Nein, Du kannst mit Minnesingen
Hier das Böse nicht bezwingen,
Weiß man, daß der böse Geist
Ihm gemäß vom Bösen speist.

Sprich, die Sprache auch der Lumpen,
Die zur Größe sich aufpumpen,
Und Du wirst ganz sicher sehn,
Daß sie Dich recht gut verstehn.

KÖNIG ALFRED UND SEIN HANSWURST

Krone gegen Narrenkappe

König Alfred, ich sag's wieder,
Legte seine Krone nieder,
Und Hanswurst, er ließ uns sagen,
Wollte keine Kappe tragen.

Nun man weiß, daß hinterm Jecken,
Könnt ein wahrer König stecken,
Und manch König, das ist wahr,
Hat gezeigt sich als ein Narr.

Sollte Hanswurst vielleicht spüren,
Daß verfangen in Allüren,
König Alfred trifft der Tadel,
Daß ihm fehlt der echte Adel?

Hat der König wohl gesehen,
Hanswurst würd sie besser stehen,
Diese Krone auf dem Haupte,
Weil er selbst schon nicht mehr glaubte,

An den hohen Königsstand,
Wie er kritisch nun befand?
So könnt es sogar gelingen,
Doch noch Harmonie zu bringen:

Alfred trägt die Narrenkappe,
Hanswurst bleibt des Königs Knappe,
Darf jedoch die Krone tragen
Und berät in allen Fragen.

KÖNIG ALFRED UND SEIN HANSWURST

Der sture Bock

König Alfred dachte, Schreiben,
Nun, die ignorieren wir,
Mag er sich die Zeit vertreiben,
Schade nur um das Papier.

Ja, Papier, es ist geduldig,
Das ist König Alfreds Art,
Also schreibe ich ihn schuldig,
Vielleicht kommt er dann in Fahrt.

Doch man sagt, er bleibt gelassen
Und entscheidet nichts ad hoc,
Rechtlich ist er nicht zu fassen,
Dieser sture alte Bock.

Dazu ist er viel zu mächtig,
Schutz gewährt das große Geld,
So regiert und lebt er prächtig,
Eben, wie es ihm gefällt.

Trotzdem dürfte es ihn stören,
Wenn man sieht sein andres Bild,
Ist er doch gewöhnt zu hören,
Er sei weise, gut und mild.

König Alfreds Unterhose

König Alfred der Famose,
Liebt die lange Unterhose;
Hanswurst hat sie ihm gestrickt,
Damit er sich drin erquickt.

Denn er hatte kalte Beine,
Mit dem Dackel an der Leine,
Wenn er mit dem kleinen Waldi
Machte seinen Gang zu ALDI.

Um dort billig einzukaufen,
Und natürlich auch beim Laufen,
Selbstverständlich nur im Winter,
Wenn er sportlich wie ein Sprinter,

Rund um Hamburgs Alster joggte,
Daß einem der Atem stockte;
Auch beim winterlichen Jagen,
Konnt er diese Hose tragen.

Ja tatsächlich, auch beim Golfen,
Hat die Hose ihm geholfen,
Und stets hat er dann gedacht,
Hanswurst hat das fein gemacht.

So hängt's oft an kleinen Dingen,
Ob das Große kann gelingen;
Hier hat Hanswurst sich geschickt,
In des Königs Herz gestrickt.

Ohne diese Unterhose
Hätte Alfred der Famose,
Immer noch sein kaltes Bein,
Würde kaum so glücklich sein.

Die Bockwurstgecken

Alfreds Anwalt, muß ich sagen,
Ist der rechte Mann zum klagen;
Wie ein Elefant im Laden
Geht das Porzellan dann baden.

Er geriert sich als ein heißer,
Doch dabei auch kluger Beißer;
So begann er, mir zu schreiben,
Wollte sich genüßlich reiben.

Mich, das Würstchen, zum Entzücken,
Würd er an die Wand schnell drücken,
Meinen Anwalt übergehen,
Sollte König Alfred sehen,

Er könnt das allein schon machen,
Hätt der König was zum lachen;
Wie die beiden sich da freuten,
Ich sollt hin zum Therapeuten.

Konnte er sich dran begeistern,
Den Kollegen so zu meistern;
Der könnt Hilfe mir nicht geben,
Deshalb müßt zum Arzt ich streben.

Ja, das würde ihnen schmecken,
Diesen beiden Bockwurstgecken;
Werden vielleicht bald schon testen,
Wer zuletzt lacht, lacht am besten.

45

KÖNIG ALFRED UND SEIN HANSWURST

Das nennt man Gerechtigkeit

König Alfred hat gelogen,
Wurd gemessen und gewogen,
Und dafür zu leicht befunden,
Um im Knast zu drehn die Runden.

Ich wollte die Wahrheit sagen,
Ließ der König Alfred klagen,
Wurd gemessen und gewogen,
Hatte niemanden betrogen,

Wurde nicht zu leicht befunden,
Um im Knast zu drehn die Runden.
Dies nennt man Gerechtigkeit,
Und so wird es höchste Zeit,

Daß wir uns nach Kräften wehren
Und dagegen aufbegehren;
Wir wollen in Freiheit leben,
Wahrem Sein die Ehre geben.

Lassen wir die Dinge treiben,
Wird der König einverleiben,
Sich, was uns gehört, die Rechte,
Und wir werden seine Knechte;

Deshalb dürfen wir nicht schweigen,
Müssen hier und heute zeigen,
Daß wir nicht so schnell verzagen,
Lernten aus vergangnen Tagen.

KÖNIG ALFRED UND SEIN HANSWURST

Laffen lernen von den Affen

Macht der König mir zu schaffen,
Denk ich immer an die Affen,
Die nichts hören und nichts sehen
Und natürlich nichts verstehen.

Deshalb aber auch nichts sagen
Und aus diesem Grund nicht klagen;
Könnten nicht die Affen zeigen,
König Alfred durch ihr Schweigen,

Welchen Weg er hätt' zu gehen,
Denn auch er wollt gar nichts sehen,
Wenn, dann nur auf Hanswurst hören,
Alles andre würd ihn stören;

Doch trotz mangelhaftem Wissen,
Ohne Skrupel, höchst beflissen,
Ließ den Advokat er klagen,
Und die Unwahrheit vortragen.

Da lob ich mir schon die Affen,
Die nicht dummdreist wie die Laffen,
Eher aber klug, bescheiden
All die großen Worte meiden.

König Alfred sollt's bedenken
Und nicht seine Blicke lenken,
Hin zu weit entfernten Sternen,
Sondern von den Affen lernen.

Alfred der Große

König Alfred sagt: Im Kleinen
Muß ein König groß erscheinen;
So glaubt er, 'ein großer Hut
Steht ihm ganz besonders gut.

Hanswurst will er überragen,
Der geht ihm knapp bis zum Kragen,
So, daß er bei einem Kuß
Auf den Spitzen stehen muß.

Und auch all die Direktoren,
Reichten grad bis an die Ohren,
Das fand König Alfred schick,
Er behielt den Überblick.

Doch er wollt in geist'gen Dingen
Auch den großen Schein erringen,
Und so sprach er, wenn auch leis,
Ich weiß, daß ich gar nichts weiß.

Nun, das hatte wohl gesessen,
So bescheiden, nicht vermessen
Kann, das leuchtet jedem ein,
Nur ein Mann von Größe sein.

KÖNIG ALFRED UND SEIN HANSWURST

Der Fünf-Sterne König

König Alfred dieser Gute
Trägt jetzt auch an seinem Hute,
Wenn er ausgeht, die fünf Sterne,
Und so zeigt er sich sehr gerne,

Denn es tat schon an ihm nagen,
Daß Soldaten Sterne tragen,
Daß für ihn, in seinem Leben,
Einen solchen würd's nie geben.

Er wollt sich nicht länger quälen,
Sah er doch bei Generälen,
Die nach oben weit gelangen,
Maximal vier Sterne prangen.

So würd er mit fünf dergleichen
Endlich einen Stand erreichen,
Der als König ihm gebührte,
Auch, wenn er das Heer nicht führte.

Einem General begegnen,
Diesen Tag, den wollt er segnen,
Welche Freude, noch zu sehen,
Wie der vor ihm stramm würd stehen.

König Alfred singt die Mimi

König Alfred kann beim Singen
Auch die höchsten Töne bringen,
Und so singt der alte Bock,
Den Sopran im Morgenrock.

Jeder weiß, er muß nun eilen,
Keine Zeit mehr zum Verweilen!
Weil nach einer kurzen Frist,
Alfred schon im Anzug ist.

Heute läuft es wie im Krimi,
König Alfred singt die Mimi
Aus der Oper La Boheme,
Schrill der Ton, nicht angenehm.

Und man spürt es wie die beiden,
Alfred und auch Mimi leiden,
Jetzt, ein letzter Ton kommt raus,
Mimi haucht ihr Leben aus.

König Alfred den so Frommen
Hat das sichtlich mitgenommen,
Und sein Auftritt im Hotel,
Geht vorüber rasch und schnell.

Heute muß er sich erholen,
Das Geschäft bleibt ihm gestohlen,
Es wär schön, wenn froh beschwingt,
Morgen er was Heitres singt.

KÖNIG ALFRED UND SEIN HANSWURST

Die Geister, die der Hanswurst rief

Wenn der Hanswurst dreht die Runde
Im Hotel zur Geisterstunde,
Zittern heute ihm die Knie,
Es kam schon vor, daß er schrie.

Dabei gab es durchaus Zeiten,
Da ihm nichts konnt Angst bereiten,
Als er redlich, ehrlich war
Und in seinem Denken klar.

So beseelt von guten Geistern,
Könnte er sein Leben meistern;
Damit ist es jetzt vorbei,
Deshalb auch vor Angst der Schrei.

Seit sie alle ihn verlassen,
Wollen ihn die Geister fassen,
Die zum Bösen ausersehn;
Ihnen wird er nicht entgehn.

So wird Hanswurst traurig enden,
Er kann nur sein Schicksal wenden,
Wenn er sich zurückbesinnt,
Guten Geist für sich gewinnt.

Extrawurst für Advokaten

König Alfreds Advokaten
Sind jetzt wieder aufgewacht;
Was die Richter da verbraten,
Hat wohl mächtig Mut gemacht.

Noch mal soll's Gericht verfügen,
Einstweilig und ohne Grund,
Wollen mich ums Geld betrügen,
Kriegen voll nicht ihren Schlund.

Seht sie mit geschwollnen Brüsten,
Tragen wie der Pfau den Schwanz,
Als ob sie, was kommt, schon wüßten,
In der folgenden Instanz.

Da konnt ich wohl gern erklären,
Erst nach dem Prozeßverlauf,
Hört gut zu mal Euer Ehren,
Schlägt man Alfreds Versbuch auf.

Die Geschichten sollen hören,
Unsre Bürger hier im Land,
Dabei wird es niemand stören,
Daß ich Alfred nur erfand.

So wird man wohl wieder schließen
Ohren, Augen und gibt kund,
Hoffentlich wird es verdrießen,
Doch wir fanden einen Grund,

Um noch einmal aufzuzeigen,
Das ist unser gutes Recht,
Wenn Sie ab sofort nicht schweigen,
Dann ergeht es Ihnen schlecht.

Und des Königs Advokaten,
Sie bekommen wieder Durst,
Sind bereit zu neuen Taten,
Wollen eine Extrawurst.

Alfred der Willensmensch

König Alfred ist im Land
Als ein Willensmensch bekannt,
Und er sagte, wenn ich will,
Haben wir im März April.

Weiter sprach er: Ich bin schlau,
Mache jeden hier zur Sau,
Sei es Mann oder auch Frau,
Das nehm ich nicht so genau.

Wenn ich will, dann bin ich schlecht,
Und bekomme trotzdem Recht;
Wenn ich will, so wird es licht.
Es bleibt dunkel, will ich's nicht.

Da dacht sich der liebe Gott,
Den setz ich mal auf den Pott
Und sprach zu ihm als er schlief,
Nun mein Alfred Du liegst schief.

Wenn ich will spürst Du den Schmerz
In dem Herz bereits im März;
Wenn ich will, wenn ich will,
Steht es ganz still im April.

Da wurd König Alfred wach,
Dachte wirklich gründlich nach;
Vielleicht ist es doch nicht gut,
Wenn man Willens Unrecht tut.

Und fortan, und fortan
Spürte jeder irgendwann.
Daß der König sich besann,
Er wurd ein ganz andrer Mann.

König Alfred der Philosoph

König Alfred hat mitunter
Mal ein Hoch, dann ist er munter,
Doch danach kommt oft ein Tief,
Und es geht ihm manches schief.

Alfred sprach: So ist das eben,
Es geht auf und ab im Leben,
Gäb es nicht das strenge Muß,
Folgte auch nicht der Genuß.

Und er sagt auch: Jede Wette,
Wenn ich nur ein Hoch stets hätte,
Führte diese Dauerlust
Irgendwann total zum Frust.

Ja, so bin ich sehr zufrieden,
Jahreszeiten sind verschieden,
Einmal ist es kalt, dann heiß,
Friert man, und dann läuft der Schweiß.

So ist Alfred kaum belesen,
Immer Philosoph gewesen,
So daß jeder sagen kann,
Er ist schon ein weiser Mann.

KÖNIG ALFRED UND SEIN HANSWURST

Alfred springt den hohen Salto

König Alfred springt den Salto
Wie im Zirkus der Rialto;
Und darunter dreht der tolle
Hanswurst eine halbe Rolle.

Alfred sagt: Auf diese Weise,
Halten wir bei uns die Preise,
Kann man so etwas erleben,
Wird man auch gern mehr ausgeben.

Ja, die Menschen stehen Schlange,
Wenn der König, dieser lange,
Mit dem Hanswurst tanzt im Reigen,
Um den Gästen was zu zeigen.

Plötzlich wird es mäuschenstille,
Alfred putzt noch mal die Brille,
Läuft schon an zum großen Sprunge,
Aus dem Hals hängt ihm die Zunge.

Und dann schraubt er sich nach oben,
Schon beginnt der Saal zu toben,
Hanswurst, der wird immer dreister,
Schlägt heut sogar den Kopeister.

Wie die beiden sicher landen,
Wieder Riesenbeifall fanden,
Ist es leicht vorauszusagen,
Das Geschäft wird Früchte tragen.

Kümmel für den Lümmel

Beim Verzehr von Kieler Sprotten
Zeigt Hanswurst, sonst hart gesotten,
Ohne Aufsicht seines Herrn,
Schon mal seinen weichen Kern.

Allerdings schluckt dieser Lümmel
Dann auch reichlich Korn und Kümmel,
So daß er nur allzubald
Mit sich spricht, wohl eher lallt.

Was ihn drückt, was ihn würd stören,
Niemand sonst braucht das zu hören;
Ist der Kater erst vorbei,
Fühlt sich Hanswurst wieder frei.

Alfred, lallte er soeben,
Alles würd ich für Dich geben,
Und zum Schluß heißt's, wir sind quitt,
Ich bekomm zum Dank den Tritt.

Alfred, in der Welt gepriesen,
Hat mit diesem Tritt, dem fiesen,
Vor mir jeden abserviert,
Endlich hab ich das kapiert.

Diesmal Alfred wird's sich rächen,
Das kann ich schon jetzt versprechen,
Denn ich pinkel Dir ans Bein,
Gleich darauf schlief Hanswurst ein.

Die kesse Sohle

Gestern legte unser Ole
Auf's Parkett 'ne kesse Sohle
Mit dem König Alfred, beide
In dem schönsten Festtagskleide,

Drehten sie beschwingte Runden,
Hanswurst war sogleich verschwunden,
Denn er konnt es gar nicht leiden,
Daß sie tanzten, diese beiden.

Ich bin König Alfreds Buhle
Rief er, und macht das erst Schule,
Bin bei Alfred, meinem lieben,
Ich ganz plötzlich abgeschrieben.

So war Hanswurst ohne Frage
Schon in einer schweren Lage,
Denn das Leid der Leidenschaften
Muß man erst einmal verkraften.

Alfred konnte das verstehen,
Doch es war ja nichts geschehen,
Und so reichten sich am Ende
Beide wieder ihre Hände.

Geld regiert die Welt

Hätte Alfred K. kein Geld,
Wär es schlecht um ihn bestellt;
Richter würden Recht nicht beugen,
Um K. Ehrfurcht zu bezeugen.

Staatsanwälte säumten nicht,
Ihnen auferlegte Pflicht,
Würden nicht die Neigung spüren,
Ad absurdum Recht zu führen.

Für die Presse wär K. dann
Auch nur ein Herr Jedermann,
Kein Grund, um im Geist den schlichten
Groß im Bilde abzulichten.

Doch beim gut betuchten Herrn,
Läßt man leuchten seinen Stern,
Wenn ums goldne Kalb beim Tanze
Man sich mitdrehn darf im Glanze.

Geld regiert nun mal die Welt,
Deshalb ist es gut bestellt
Um Herrn K., man wird ihn ehren,
Wo man kann, sein Ansehn mehren.

Recht geht flöten

F. hat seinen Intellekt
Wirklich mehr als gut versteckt;
Selbst in den entlegnen Ecken
Konnten wir ihn nicht entdecken.

Daß er hätte Rechtsverstand
Blieb uns gleichfalls unbekannt,
Weil Gedanken, seine wirren,
Sich nur allzu leicht verirren.

Wär da noch das Rechtsgefühl,
Welches ihn läßt völlig kühl;
So kann er es nicht begreifen,
Meint, er müßte darauf pfeifen.

Ausgerechnet ihm fällt ein,
Anwalt für das Recht zu sein;
Wenn es solche Männer tragen,
Nun, dann muß es doch versagen.

Und der rechtliche Bestand
Wird höchst zweifelhaft im Land;
Erst einmal ist er in Nöten,
Langsam aber geht er flöten.

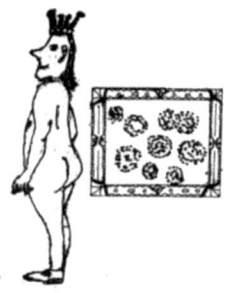

Der König ohne Kleider

Zeigt sich Alfred ohne Kleider,
Braucht er dafür keinen Schneider;
Da ist er dem Kaiserhaus
Aus dem Märchen weit voraus.

So entfällt ein hoher Posten
Im Etat für Schneiderkosten,
Ja, der Alfred hat den Schneid
Und posiert gern ohne Kleid.

Sollen doch die Leute gaffen,
Schließlich will er Werke schaffen,
Die nicht flüchtig wie der Wind,
Sondern einzigartig sind.

So sieht man als Popoisten
Ihn auch vor der Leinwand twisten;
Bisher hat er nicht gehört,
Daß sich jemand daran stört,

Wenn nicht alle Zeichen trügen,
Schafft er damit nur Vergnügen,
Deshalb hört man oft schon, leider
Trägt der König heute Kleider.

Der Biß ins Ohr

Alfred K. saß im Kontor,
Da biß Hanswurst ihm ins Ohr,
Alfred sprang vor Schreck empor,
Aber er hat auch Humor,

Sah den Hanswurst, rief: Gewiß
War er gut gemeint Dein Biß,
Doch geht Deine Zärtlichkeit
In der Tat ein bißchen weit.

Was ich täglich haben muß,
Ist von Dir ein zarter Kuß,
Mit dem Beißen ist jetzt Schluß,
Sonst gibt's einen an die Nuß.

Hanswurst schien das nicht gerecht,
Sein Gefühl war wirklich echt,
Hatte, wie er selber fand,
Ihn ganz einfach übermannt

Als beim Anblick von dem Ohr
Die Beherrschung er verlor,
Aber Alfreds Hanswurst schwor,
Das kommt niemals wieder vor.

Hand in Hand

Herr K., er saß am Nordseestrand
Mit seinem Hanswurst Hand in Hand
Und sprach: Der Herr hat mich gebeten,
Dir kräftig in den Arsch zu treten.

Mein Gott, das kann ja heiter werden,
Wenn sich der Herr jetzt schon auf Erden
Von Ihnen hier vertreten läßt,
Doch treten Sie nicht allzu fest.

Ich wollt es zuerst gar nicht sagen,
Mephisto hat mir angetragen,
Daß ich, Hanswurst, ist das nicht toll,
Ihm treu ergeben dienen soll.

Als erstes hat er mich geheißen,
Ihr Ohr im ganzen abzubeißen;
Das sei der Einstand, sagte er,
Im nächsten Schritt folgt dann weit mehr.

Drauf meinte K.: Man will uns testen,
Mir scheint das Folgende am besten:
Ich werd nicht treten, Du nicht beißen,
Den beiden werden wir was scheißen.

Viel Feind viel Ehr

Viel Feind viel Ehr, was wolln wir mehr,
Da sind wir doch gut dran;
Erst kommt der alte K. daher,
Verleumdet uns und dann?

Die Richter halten das für Recht,
Sitzen bei ihm im Boot,
Fest eingefügt im K.-Geflecht
Sehn sie auch sogleich rot,

Wenn man Herrn K. die Wahrheit sagt,
Denn das ist grundverkehrt,
Ein jeder, der es trotzdem wagt,
Wird drum zum Feind erklärt.

Da sind die Staatsanwälte froh,
Das paßt gut in ihr Bild
Vom Feind, sie sehn das ebenso,
Was führen sie im Schild?

Sie wollen K. zu Diensten sein,
Scheint durchaus angebracht,
Im Interessenmachtverein
Wird K. sehr gern bedacht.

So mangelt's mir an Feinden nicht,
Und fällt der Kampf auch schwer,
Zumindest wahr ich mein Gesicht,
Sag mir, viel Feind viel Ehr.

Der blockierte Advokat

F., des Königs Anwalt, ziert
Nicht die Zunft der Advokaten;
Er ist gradezu blockiert
Und ins Abseits so geraten.

Als er für den König stritt,
Eigentlich ist das recht schade,
Machte sein Verstand nicht mit,
Es erfolgte die Blockade.

Im Gehirn, er wollt zu viel,
Sich an großen Geistern messen,
Glänzen wollt er, groß im Stil,
Kläglich aber war stattdessen,

Was herauskam in der Tat,
Das, was er zusammenschmierte,
Wenig geistreich, dumm und fad,
Denn sein Denken es blockierte.

So wurd er zum armen Tropf,
Gleichwohl aber immer frecher,
Bei dem Brett vor seinem Kopf
Hilft nur ein Blockadebrecher.

KÖNIG ALFRED UND SEIN HANSWURST

Die Wette

König Alfred sagt: Ich wette,
Um die große goldne Kette,
Daß ich höher spring als Du,
Hanswurst, was meinst Du dazu?

Nun, ich sag, es gilt die Wette,
Denn die große goldne Kette,
War schon immer mein Begehr,
Somit fällt es mir nicht schwer,

Meine Hüte einzubringen,
Denn ich werde Sie bezwingen;
Also top, die Wette steht,
Schaun wir, wie es weitergeht.

Auf den Meter leg die Latte,
Gleich dahinter eine Matte,
Hanswurst machte noch mal Groß,
Und dann rannte er schon los.

Plötzlich ist er hochgeflogen,
Doch es stimmte nicht der Bogen,
Und bei seinem schweren Fall,
Fiel die Latte mit 'nem Knall,

Ihm direkt auf seine Stirne,
Und es schmerzte ihm die Birne;
Alfred sprach: Das war nicht leicht,
Und, es hat nicht ganz gereicht.

Dann ist Alfred selbst gesprungen,
Wunderbar ist es gelungen,
Meinte dann, dank meiner Kraft,
Hab ich wieder es geschafft.

Du kennst meine große Güte,
Darfst behalten Deine Hüte,
Hanswurst, Du bist noch recht jung,
Übe, und Du schaffst den Sprung.

Alfreds Eier

Alfreds Zofe, Lilly Meier,
Ist nur da für seine Eier;
Reibt sie jeden Tag schön blank,
Denn der König wird ganz krank,

Wenn auf seinem Ei, dem runden,
Er ein Staubkorn hat gefunden;
Jedes Ei braucht seinen Glanz,
Assistiert auch sein Wursthans.

Da stöhnt oft die Zofe Meier,
Es sind schon zehntausend Eier,
Die der König jetzt besitzt,
Und wie oft hat sie geschwitzt,

Wenn ab morgens früh um sieben,
Sie die Eier abgerieben,
Und noch eh Sie sich besann,
Kamen neue Eier an.

Dicke, große, bunte, kleine,
Kunstvolle aus edlem Steine,
Bernstein, Glas und Rosenquarz,
Handarbeiten aus dem Harz,

Auch aus Silber, Gold und allen
Stoffen, die ihm wohlgefallen;
Alfred sagt, im Jahre zehn,
Solln hier fünfzehntausend stehn.

KÖNIG ALFRED UND SEIN HANSWURST

Hanswurst stiehlt keine Pferde

Man kann auf den Hanswurst zählen,
Könnte mit ihm Pferde stehlen,
Meinte König Alfred nett,
Wenn er nicht den Bammel hätt,

Ausgerechnet vor den Pferden,
Und das wird nicht anders werden;
Nun, was ist daran verkehrt,
Er liebt nur sein Schaukelpferd.

Seit er damals ungeschliffen,
Sich am Schwanz vom Pferd vergriffen,
Wurd ihm die Lektion erteilt,
Die ihn endgültig geheilt.

Dabei wolln wir nicht vergessen,
Sie war durchaus angemessen,
Denn, obgleich das Pferd wohl litt,
Gab es nicht mal einen Tritt.

Hat auf Hanswurst nur in Massen,
Pferdeäpfel regnen lassen;
Hanswurst in dem ganzen Mief,
Dieser Schock saß allzu tief.

So mußt er sich mächtig quälen,
Wird wohl niemals Pferde stehlen,
Wie es uns scheint, ist das gut,
Es reicht so schon, was er tut.

KÖNIG ALFRED UND SEIN HANSWURST

Erst der Rubel, dann der Jubel

Alfred, der ist gut zu leiden,
Wenn sein Personal bescheiden,
Zeigt sein Können und sein Wollen,
Daß für ihn die Rubel rollen.

Sieht er nicht die Rubel rollen,
Fängt der König an zu grollen:
Legt Ihr keine goldnen Eier,
Fällt sie aus, die Jubelfeier.

Und die gab es nun seit Jahren,
Wenn die Rubel eingefahren,
Hieß es, Alfred ist der Beste,
Auf geht es zum Rubelfeste.

Ja, zu aller Wohlgefallen,
Ließ Alfred die Korken knallen,
Und der König, sonst so bieder,
Sang mit Hanswurst sogar Lieder.

Dann erscholl ein großer Jubel,
Jeder bekam einen Rubel,
Mußt im Anschluß sich verbeugen,
So dem König Dank bezeugen.

Diese wunderbaren Feste,
Ganz intern und ohne Gäste,
Warn der Grund, wenn Alfred schmollte,
Daß der Rubel wieder rollte.

König Alfred als Ratgeber

König Alfred als Berater,
War für Hanswurst wie ein Vater;
Sprach: In allen Lebenslagen
Kannst Du immer mich befragen,

So riet er: In Liebesdingen
Mußt Du immer Dich bezwingen,
Zu der Führung für Dein Leben,
Werd ich Dir ein Beispiel geben:

Und es wird mir Freude machen,
Auch in den privaten Sachen,
Dir zur Seite stets zu stehen,
Denn ich möcht Dich glücklich sehen.

Mein Freund, der war ein alter Bock,
Er liebte viel und das ad hoc,
Die Zeit verging, und dieser Bock
Ging wie ein alter Mann am Stock.

Drum laß ihn eine Warnung sein,
Am Stock zu gehn, ist recht gemein,
Und sitzt der Drang auch noch so tief,
Mein Guter, lieb nur sukzessiv!

69

KÖNIG ALFRED UND SEIN HANSWURST

Auf zum Klövensteen

Heut geht es zum Klövensteen,
Dort kannst Du die Möwen sehn,
Nein, doch keinen Kakadu,
Hanswurst, hör doch richtig zu.

Dafür einen Wiedehopf
Mit dem tollen Federschopf,
Oder aber einen Specht,
Nun, das wär doch auch nicht schlecht.

Amsel, Drossel, Dompfaff, Star,
Und dazu ein Schwalbenpaar,
Was fehlt noch, gib einen Wink,
Ja ganz recht, es ist der Fink.

Hast Du Glück, dann auch ein Reh,
Wie es frißt den grünen Klee,
Sehn von weitem wir ein Pferd,
Machen wir gleich wieder kehrt.

Und ich weiß, auch mit der Kuh,
Stehst Du nicht auf Du und Du;
Dann schaun wir den Schmetterling
Und auch sonst so manches Ding.

Einen Hasen willst Du auch
Treffen, kraulen unterm Bauch,
Nun Hanswurst, wir werden sehn,
Auf geht es zum Klövensteen!

KÖNIG ALFRED UND SEIN HANSWURST

König Alfred im Stimmbruch

König Alfred das kam vor,
Sang in dem gemischten Chor;
Links die Herrn und rechts die Damen,
Alfred paßt nicht in den Rahmen,

Hatte, das fiel sofort auf,
Wirklich alle Töne drauf;
Die ganz hohen und die tiefen,
Reine, aber auch die schiefen,

So sagt man, sein Repertoire
War ganz einfach wunderbar;
Auf des Dirigenten Bitte,
Stand er deshalb in der Mitte.

Sang nach rechts und mal nach links,
Und man nannte ihn die Sphinx,
Schien des öftren zu argwöhnen,
Ein Geheimnis bei den Tönen.

Doch ein Wunder war es nicht,
Die Erklärung eher schlicht,
König Alfred so geschehen,
Blieb in seinem Stimmbruch stehen.

Ließ die tiefen Töne rein,
Sah es aber gar nicht ein,
Seine hohen abzugeben,
Das war nun sein Vorteil eben.

Linke Hände, rechte Füße

Alfred faßte dann und wann,
Sogar selbst den Hammer an,
Und es sollte niemand sagen,
Dieser König könnt nicht schlagen,

Einen Nagel in die Wand,
Weil er das sehr gut verstand;
Seinem Hanswurst nun dagegen,
Schien das Hämmern zu verwegen,

Seit er auf den Finger schlug,
Hatte er davon genug;
Schließlich wär er nicht behämmert,
Doch beim König hats gedämmert.

Hanswurst kriegt, wie er befand,
Keinen Nagel in die Wand,
Denn er hätt, Punkt, Schluß und Ende,
Einfach nur zwei linke Hände.

Alfred meinte, fasse Mut,
Hanswurst, die Natur ist gut,
Dafür, das ist zu begrüßen,
Stehst Du auf zwei rechten Füßen.

Hanswurst war auf Alfred stolz,
Der ist aus dem rechten Holz,
Muß ich auch für Alfred flitzen,
Er läßt mich bestimmt nicht sitzen.

Der Barhocker

König Alfred war am Fluchen,
Ließ nach seinem Hanswurst suchen,
Und er rief, das ist nicht wahr,
Man fand Hanswurst in der Bar.

Da war Alfred von den Socken,
Glaubte Hanswurst wäre trocken,
Und nun ausgerechnet das,
Da verstand er keinen Spaß.

Hanswurst mußte zu ihm kommen,
War ein wenig noch benommen,
Schon ging das Gewitter los,
Alfred machte sich ganz groß.

Hanswurst, ich kann es nicht fassen,
Kannst das Trinken Du nicht lassen,
Und dann noch in unsrer Bar,
Hanswurst mach Dir eines klar.

Sieh das wirklich nicht zu locker,
Werd nicht von der Bar ein Hocker,
Sonst, ich laß es ungern raus,
Ist es mit der Freundschaft aus.

Hanswurst wurde ganz bescheiden,
Fortan werd die Bar ich meiden,
Trinken werd ich auch nicht mehr,
Fällt es mir auch noch so schwer.

KÖNIG ALFRED UND SEIN HANSWURST

Das Krippenspiel

Alljährlich bei dem Krippenspiel
Konnt Alfred zeigen sein Profil,
War einer von den Königsdreien,
Die dem Kind Geschenke weihen.

Was er hatte dort zu sagen,
Wurde huldvoll vorgetragen,
Seine Rede, sehr versiert,
Hat er immer variiert.

So war jeder schon gespannt,
Welche Worte er wohl fand;
Diesmal fing der edle Mann,
Mit dem schönsten Pathos an:

Ich komm aus dem Abendland,
Werd heilger Alfred auch genannt,
Mein Hanswurst hier führt stets das Muli,
Ist seit Jahren nun mein Kuli.

Ich wollt schenken schöne Kleider,
Doch verhindert war mein Schneider,
So komm ich nun mit den Stoffen,
Bringe Freude, möcht ich hoffen.

Vieles könnt ich noch erzählen,
Doch jetzt möcht ich mich empfehlen,
Knie zum Abschied ganz tief nieder,
Nächstes Jahr komm ich dann wieder.

KÖNIG ALFRED UND SEIN HANSWURST

Der kranke Alfred

König Alfred, lag danieder,
Denn es schmerzten ihm die Glieder,
War es eine Allergie,
Die ihn reizte wie noch nie?

Mußte König Alfred schlucken,
Fing sein Hintern an zu jucken,
Hieß es, sagen Sie mal A,
War sofort das Jucken da.

Und dies auch in seiner Nase,
Das nun drückte auf die Blase;
Hieß es, sagen Sie mal B,
Taten ihm die Beine weh.

Sprach der Arzt zur Diagnose,
Vielleicht sitzt ein Zahn zu lose,
Oder aber auch die Gicht,
Kurz gesagt, ich weiß es nicht.

Ich verschreibe drum Tabletten,
Salben, wie Sie's gerne hätten,
Und dann werden wir ja sehn,
Wie die Dinge weitergehn.

Allerdings für alle Fälle,
Bin ich jederzeit zur Stelle,
Sprechen Sie nicht aus das C,
Sonst tut Ihnen sonst was weh!

Mein lieber Schwan

Bei dem Alsterwanderwege
Fand der König ein Gelege,
Mit den Eiern, ihrer drei,
Alfred dacht, ich bin so frei,

Werde eines requirieren
Und heut mittag dann probieren,
So hab ich ein feines Mahl
Ohne, daß ich dafür zahl.

Doch es heißt, bei solchen Sachen,
Soll die Rechnung man nicht machen,
Eben ohne seinen Wirt,
Dieser kam jetzt angeschwirrt,

Zischte, und man sah ihn schlagen,
Mit den Flügeln, wollte sagen,
Alfred leg das Ei zurück,
Sonst vernasch ich Dich im Stück;

Und der König legte wieder,
Angsterfüllt das Ei schnell nieder,
Dachte sich, mein lieber Schwan,
Der fühlt mir gleich auf den Zahn.

Drehte sich' darauf im Kreise,
Zeterte auf seine Weise,
Nahm die Beine in die Hand
Und ist ganz schnell weggerannt.

KÖNIG ALFRED UND SEIN HANSWURST

Alfred bei der Feuerwehr

Alfred dachte wirklich nicht,
Daß vielleicht ein Zacken bricht,
Ihm aus seiner güldnen Krone,
Wenn er sich nicht gründlich schone.

Deshalb wollte er nicht ruhn,
Sondern etwas Gutes tun,
Dem Gemeinwohl zum Gelingen,
Freiwillig ein Opfer bringen.

So ging er zur Feuerwehr,
Doch der Schlauch war ihm zu schwer,
Darum mußte er beim Spritzen
Immer in dem Sessel sitzen.

Das war jedoch ganz gewiß,
Ein recht großes Hindernis,
Denn zwei Mann mußten sich plagen,
Ihn im Sessel rumzutragen.

Und sie fehlten anderswo,
Somit war man ziemlich froh,
Als der König ließ verkünden,
Er würde aus Altersgründen

Seinen Posten geben frei,
Der ihm lieb geworden sei;
Es hieß dann beim Abschiedsessen,
Man würd Alfred nie vergessen.

KÖNIG ALFRED UND SEIN HANSWURST

König Alfred mag nicht lesen

König Alfreds Bücherschrank
Ist gut zwanzig Meter lang;
Das ist es auch schon gewesen,
Denn der Alfred mag nicht lesen.

Doch er sagt, daß ihn das freu,
So blieben die Bücher neu,
Wären, wenn im Schrank sie stehen,
Immer sehr hübsch anzusehen.

Außerdem kennt er die Welt,
Was den anderen gefällt,
Und was sie darüber schreiben,
Taugte nur zum Zeitvertreiben.

Das jedoch tät ihm sehr leid,
Wär nur schade um die Zeit,
Schließlich dürft man nicht vergessen,
Zeit ließ auch in Geld sich messen.

Wenn es um das Wissen geht,
Weiß ein jeder, wo er steht,
Und es heißt, in geistgen Dingen
Könnt er es sehr weit noch bringen.

So ist es sein guter Rat,
Den man einholt in der Tat,
Er meint, Bücher kann man schreiben,
Doch im Schrank da solln sie bleiben.

KÖNIG ALFRED UND SEIN HANSWURST

König Fußball

Ich trainierte nicht vergebens,
Hab die Form jetzt meines Lebens,
Wenn ich heute Fußball spiel,
Leiste ich genauso viel,

Wie die starken jungen Männer,
Doch ich bin ein wahrer Kenner,
Sprach der Alfred, denn Fußball
Ist nun mal genau mein Fall.

Ja, ich spiele für mein Alter
Fast so gut wie einst Fritz Walter,
Laufe um den Ball herum,
Und dann macht es Knall und bum,

Zeige allen eine Harke,
Wenn den Ball im Tor ich parke,
Spiele immer mit dem Kopf,
Bin kein einfallsloser Tropf.

Ganz egal, was ich auch zeige,
Ich spiel stets die erste Geige,
Und mit mir wird der Verein
Garantiert bald Meister sein.

79

Sprüche

Jetzt gedenk ich der verwandten,
Längst verstorbenen zwei Tanten,
Die zu guter alter Zeit,
Hielten manchen Spruch bereit.

Mußten wir als Kinder lachen,
Über so verschrobne Sachen;
Hieß es: »Ach Du liebes Loch«,
Oder: »Wer mich liebt, lacht doch«.

Nun, ich hab das nie vergessen,
Wurd selbst Onkel unterdessen,
Und die Sprüche, dacht ich mir,
Gebe ich zum besten hier.

Um das liebe Loch zu schauen,
Konnt ich auf den Hanswurst bauen,
Ich hör noch, wie er geflucht,
Als er dieses hat gesucht.

Wird wohl auch in seinem Leben,
Nur ein kleines Loch abgeben,
Deshalb Hanswurst, sei bedacht,
Daß Dein König trotzdem lacht.

Was betrifft mein Versemachen,
Mußten manche Menschen lachen,
Schön, wenn's einen davon gibt,
Der mich auch tatsächlich liebt.

Es werde Licht!

Bist Du Gast bei König K.,
Zieh Dich warm an ebenda,
Sonst rasiert er mit Methode,
Dich nach seiner neusten Mode.

Denn wer Alfred K. nicht paßt,
Wird mit Härte angefaßt;
Da lügt er und läßt er lügen,
Ungeniert aus vollen Zügen.

Hält es auch nicht für verkehrt,
Wenn man seinen Gast entehrt,
Denn als König ohnegleichen,
Stellt im Lande er die Weichen.

Und es scheint mir, das Gericht
Hält für richtig seine Sicht,
Denn der Alfred darf beim Klagen,
Gern die Unwahrheit dort sagen.

Sprach der Herr zwar: Es werd Licht!
Doch das hört man heute nicht,
Heilger Geist, das ist das eine,
Aber wichtiger sind Scheine.

81

Bitte!

Alfred K. wollt auf die Liege,
Auf der jetzt sein Hanswurst saß;
Wenn ich komm', machst Du 'ne Fliege,
Schwirr schon ab, das ist kein Spaß.

Hanswurst fand das gar nicht witzig,
Sagte darauf, danke sehr!
Alfred, warum gleich so hitzig,
Fällt das »bitte« denn so schwer?

Lehrten Sie mich nicht mit »bitte«
Käm man überall gut an,
Es entspräch des Hauses Sitte
Und gilt dort für jedermann.

Was sollt Alfred dazu sagen?
Diese Rede war sehr schlau,
Es befiel ihn Unbehagen,
Und so sprach er: Ganz genau,

Das wollt ich noch einmal wissen,
Ob Du nichts vergessen hast,
Höflich sei und stets beflissen
Gegenüber jedem Gast.

Heut hast Du den Test bestanden,
Mach ihn bitte frei den Platz,
Kommt mir die Geduld abhanden,
Dann gibt's einen vor den Latz.

Wenn Schiet wat ward

Als Fiete hat mein Buch gelesen,
Ist dies sein Kommentar gewesen:
Ich muß schon sagen, wie man sieht,
Macht auch der Kack 'nen scheunen Schiet,

Danach hat Fiete mir verklart,
Was regst Dich auf, wenn Schiet wat ward,
Mußt Dich nicht wundern, wenn es stinkt,
Da wird man dann schon mal gelinkt.

Sprach weiter, um im Bild zu bleiben,
Läßt sich der Fall auch so umschreiben:
Wer immer in ein Kackhaus geht,
Sollt wissen, welcher Wind dort weht.

Und wer nichts hält von solchen Winden,
Tut besser dran, schnell zu verschwinden;
So war von Fiete dieser Rat
Ein wirklich guter, in der Tat.

Es lohnt sich schon daran zu denken,
Dem Fiete mal Gehör zu schenken,
Weil Fiete von der Waterkant
Sehr oft die rechten Worte fand.

Hosianna!

König Alfred feiert heute
Namenstag, die Uhr schlägt vier,
Vorm Hotel all seine Leute
Ihn erwartend stehn Spalier.

Und sie rufen Hosianna
Als der König kommt durchs Tor,
Hanswurst aber wirft mit Manna,
Blickt zu Alfred stolz empor.

Alfred weiß zu überraschen,
Hinter ihm trägt der Lakai,
Jeder darf heut Manna naschen,
Gleich der vollen Tüten zwei.

Nimmt es, wirft es hoch nach oben,
Daß es wie vom Himmel fällt,
So hat Alfred heilsumwoben
Sich den Auftritt vorgestellt.

Seine Leute, die sich bücken,
Mit dem Himmelsbrot gespeist,
Preisen schmachtend im Entzücken
König Alfreds heilgen Geist.

Der Hosenzwang

Hanswursts Hose hing beim Baden
Direkt über seinen Waden;
Warum haben Sie denn dann
Überhaupt 'ne Hose an?

Hörte man zwei Damen fragen;
Eine Hose muß man tragen,
Kam die Antwort, denn bislang
Herrscht im Bade Hosenzwang.

Doch wie Sie ganz richtig sehen,
Kann man den geschickt umgehen,
Ich gebrauchte den Verstand
Und durchschnitt mein Hosenband.

Sollten Sie die Hosen quälen,
Kann ich Ihnen das empfehlen,
Geben Sie sich einen Ruck,
Wir stehn hier im Partnerlook.

Ich könnt, wenn Sie recht verstehen,
Auch von Ihnen dann mehr sehen;
Doch die Reaktion war spröd,
Langsam wird es uns zu blöd.

Sehn Sie zu, daß Sie verschwinden,
Schnell in Ihre Hose finden,
Und was uns betrifft: So viel,
Lassen Sie uns aus dem Spiel!

Des Landes Würde

Wenn man sich daran gewöhnt,
Daß ein K. das Recht verhöhnt
Und die Richter ihn verwöhnen,
Mit dem Unrecht sich versöhnen,

Scheint doch die Gefahr recht groß,
Daß ein Land wird würdelos;
Zeigen Richter kein Bestreben,
Wahrheit höchsten Rang zu geben,

Etabliern den falschen Schein,
Wer soll richtungsweisend sein?
Sollten nicht ein Vorbild geben,
Die nach Amt und Würden streben?

Volksvertreter allemal,
Wärn dafür die erste Wahl;
Wenn wir aber tiefer schauen,
Wer mag ihnen dann vertrauen,

Wenn den Eindruck man gewinnt,
Daß sie sich die Nächsten sind,
Über eigne Interessen
Das Gemeinwohl schnell vergessen,

Nur beim Reden würdevoll
Stets erfülln ein Übersoll,
So steht auf dem Weg zur Würde
Weiterhin so manche Hürde.

Spiel mit Zügen

Alfred K. war schon seit Jahren
Nicht mehr mit dem Zug gefahren,
Dafür ließ er mit den Jahren
Immer öfter einen fahren,

Denn er hatte viel Vergnügen
Bei dem Spiel mit seinen Zügen,
Die er, ohne groß zu denken,
Konnte durch die Landschaft lenken.

Es galt nur am Knopf zu drehen,
Und der ganze Zug blieb stehen;
Sollt' der Zug sich fortbewegen,
Drehte K. genau entgegen.

Gab er Hanswurst dann ein Zeichen,
Stellte der sofort die Weichen;
Daß er durft die Weichen stellen,
Ließ gleich seine Brust anschwellen.

Mal die Richtung anzugeben,
War schon immer sein Bestreben,
Konnt er da nicht voll Vertrauen
Auch in seine Zukunft schauen?

Andrerseits ließ in den Jahren
K. bereits so manchen fahren,
Und beim Spiel mit seinen Zügen
Könnt die Hoffnung durchaus trügen.

Mann der Wissenschaft

Was K. ohne Wissen schafft,
Ist tatsächlich meisterhaft;
Aber er kann überzeugen,
Anders als sein Bruder Eugen

Nimmt er es, gewieft und schlau,
Mit der Wahrheit nicht genau;
Der Erfolg in seinem Leben
Scheint ihm dabei recht zu geben,

Denn geblendet von dem Glanz
Ziehn selbst Richter ein den Schwanz,
Um, das Recht mag unterliegen,
Es für K. zurechtzubiegen.

Und vom Wissen nicht beleckt,
Steckt in ihm ein Architekt;
Wunderwerke könnt man schauen,
Ließe man den K. nur bauen.

Er, mit wenig Geisteskraft,
Ist ein Mann der Wissenschaft,
Denn er kann die Wissenslücken
Ohne weitres überbrücken

Und erteilt als Mann der Tat
Auch der Wissenschaft bald Rat;
Um ihn reißt sich als Berater
Dann auch jede Alma mater.

Der Mummenschanz

Im Hotel ist Mummenschanz,
Alfred trägt mit Eleganz,
Insbesondere beim Tanz,
Einen kleinen Ringelschwanz.

Doch verkleidet im Kostüm
Wirkt er wirklich anonym;
Könige im Borstenkleid,
So was gab's zu keiner Zeit.

Über'm Haupt, statt Heilgenschein,
Einen Maskenkopf vom Schwein;
König Alfred wird vermißt,
Man fragt, wer das Schwein wohl ist.

Hanswurst weiß das ganz genau,
Aber er ist ziemlich schlau,
Und so gibt er auf Geheiß,
Das Geheimnis niemand preis.

Als um zwölf war aus das Spiel,
Auch des Königs Maske fiel,
Hieß das Urteil allgemein,
Alfred ist perfekt als Schwein.

Gevatter Hein

Ein langer Tag ich lag im Bett,
Es klopfte, ich dacht', oh wie nett,
Und rief erwartungsvoll: Herein!
Sieh da, es war Gevatter Hein.

Der Tod mein Freund*, so was, nanu,
Ich fragte ihn, was willst denn Du?
Die Antwort, Du bist schon recht alt,
Deshalb wollt ich Dich holen halt.

Drauf sagte ich, ich wollt grad ruhn,
Hab auch noch einiges zu tun,
Der alte Kack hält mich auf Trab,
Seitdem ich Händel mit ihm hab.

Gevatter Hein rümpfte die Nas,
Der alte Kack, na dann viel Spaß,
Hast Du den alten Kack am Bein,
Zieh ich schnell ab und zwar allein.

Ich wünsch Dir für das letzte Stück
In jedem Fall noch recht viel Glück,
Kann Dich auch wirklich gut verstehn,
Also bis bald; auf Wiedersehn.

*Sh. Band II, Seite 209

Nägel mit Köpfen

F. hat wirklich recht, na toll,
Und da gibt es nichts zu lachen,
Wenn er diesmal meint, ich soll
Nägel mal mit Köpfen machen.

Fangen wir bei ihm gleich an,
Sein Kopf soll den Nagel zieren,
Ihm folgt K. als nächster dann,
Wir wolln keine Zeit verlieren.

Hanswurst gehört auch dazu
Wie die Richter aus der Kammer,
Staatsanwälte und im Nu
Fehlt nur noch ein großer Hammer.

Jetzt heißt's ausholn, bei dem Krach,
Um die Nägel einzuschlagen,
Werden auch die Köpfe wach,
Können das gewiß vertragen.

Mit den Nägeln an der Wand
Haben sie Zeit nachzudenken,
Sodaß F. die Lösung fand,
Sie zur Besserung zu lenken.

Das deutsche BILD-ungswesen

Alfred empfiehlt BILD zu lesen,
Denn das deutsche Bildungswesen,
Meint er, wird von BILD gesteuert
Und von dort rundumerneuert.

BILD vermittelt uns ein Wissen,
Das kein Bürger sollte missen,
Hier und auch im kulturellen,
Unerschöpflich seine Quellen.

Man muß auch nicht lang verweilen,
Denn die übergroßen Zeilen
Geben Aufschluß, machen Freude,
Weil man keine Zeit vergeude.

Dann die Bilder über Seiten,
Die ein Glücksgefühl bereiten,
Sie vermögen gar zuweilen
Einen Greis noch aufzugeilen.

Doch die Krönung sind Geschichten,
Die vom König selbst berichten,
Daran kann das Bildungswesen
In ganz Deutschland voll genesen.

KÖNIG ALFRED UND SEIN HANSWURST

Alfreds Oma

König Alfred der Geplagte
Saß vor seiner Wurst und nagte
An dem Stück, das ohne Wissen,
Er gerad hat abgebissen.

Denn er war tief in Gedanken
Bei der Oma, seiner kranken,
Die, so hieß es, nach dem Sterben,
Er allein sollte beerben.

Ja, wie lang würd das noch dauern?
Denn er wollte nach dem Trauern
Keine weitere Zeit verlieren,
Um erneut zu investieren.

Alfred fühlte sich getrieben,
Von dem Ehrgeiz aufgerieben,
Wollt der Oma im Gedenken
Aber auch Gefühle schenken.

Seine Oma sollt nicht leiden,
So wärs besser, sie würd scheiden,
Und er könnt mit Selbstvertrauen
Neue Bockwursthäuser bauen.

Alfred hörte auf zu nagen,
Sichtlich fühlte er Behagen,
Plötzlich schmeckte ihm das Essen,
Und die Oma war vergessen.

KÖNIG ALFRED UND SEIN HANSWURST

Ein toller Hecht

Hanswurst hat zur Führungskraft
Es an Alfreds Hof geschafft,
Sagte sich, will ich hier führn,
Müssen das die Leute spürn.

Deshalb rief er, das muß sein,
Die Betriebsversammlung ein;
Jede Woche, stets einmal,
Immer gleich das Ritual:

Hanswurst warf sich selbstbewußt,
Stolz in seine Hühnerbrust,
Und er rief: Schaut mich nur an,
Ich bin Alfreds erster Mann.

Da der König mir vertraut,
Hat er auch auf mich gebaut,
Der Erfolg, der gibt ihm recht,
Denn ich bin ein toller Hecht.

Tat er erst vor einer Stund
Der gesamten Presse kund,
Weil der Umsatz wieder steigt,
Seit ich allen hab gezeigt,

Wie der Laden laufen muß,
Doch nun hört gut zu zum Schluß:
Es ist wie in der Natur,
So ein Hecht der frißt dort nur

Fische, die zu langsam sind,
Also arbeitet geschwind,
Nächste Woche. sehn wir dann,
Wie mein Rat kam bei Euch an.

KÖNIG ALFRED UND SEIN HANSWURST

Hanswurst und die Grütze

Hanswurst hat unter der Mütze
Einen Kopf mit wenig Grütze,
Hielt's daher für angemessen,
Künftig Grützwurst nur zu essen.

Von der Logik her zum einen,
Mocht als richtig das erscheinen,
Kam doch so in seine Birne
Grütze und wohl auch zum Hirne.

Doch man müßt zudem bedenken,
Dies würd auch den Umsatz senken,
Und die Leute könnten sagen,
Kann er Bockwurst nicht vertragen,

Schlägt sie vielleicht auf den Magen,
Und wir sollten ihr entsagen;
So fährt dann des Königs Stütze
Alfreds Laden in die Grütze.

Also mußt geheim es bleiben,
Wollt er sie sich einverleiben,
Und so ist es auch geschehen,
Ob es hilft, man wird ja sehen.

KÖNIG ALFRED UND SEIN HANSWURST

Frischluft mit dem Luftgewehr

In des König Alfreds Haus
Fiel der Ventilator aus;
So was hatte Alfred gerne
In dem Hotel der fünf Sterne.

Überall die dicke Luft
Und dazu der Küchenduft;
Weshalb auch gerade heute,
Wo erwartet wurden Leute,

Einflußreich und prominent,
Die im Lande jeder kennt;
König Alfred war am Fluchen,
Ließ sofort nach Hanswurst suchen,

Und der wußte in der Tat
Wieder mal auf Anhieb Rat,
Rief, das werde ich schon machen,
Es wird nur ein wenig krachen,

Denn ich schieß die Frischluft her,
Gleich mit meinem Luftgewehr.
Hanswurst schoß, begann zu laufen,
Rannte Leute übern Haufen,

Oben, unten, überall,
Ständig hörte man den Knall,
Doch die dicke Luft blieb stehen,
Ja, rein gar nichts war geschehen;

Nur der König Alfred schrie:
Hanswurst, Du bist ein Genie,
Und nun tu mir den Gefallen,
Höre auf mit diesem Knallen.

Fällt Dir nicht was Bessres ein,
Sind wir hier bald ganz allein,
Und die prominenten Gäste
Feiern anderswo die Feste.

Königlicher Bauch

König Alfred bekam auch
Irgendwann 'nen kleinen Bauch;
Da sprach Hanswurst voll Entzücken,
So ein Bauch kann ganz schön drücken.

Macht das Leben einem schwer,
Wies Gescherr so auch der Herr;
Ich hab wegtrainiert den meinen,
Bin recht froh, jetzt hab ich keinen,

Dafür haben wir es nun,
Mit dem Ihrigen zu tun;
Also müssen wir trainieren,
Denn ihn einfach wegmassieren,

Dafür ist es schon zu spät,
Nicht jedoch für die Diät;
Machen Sie sich keine Sorgen,
Wir beginnen schon gleich morgen,

Gönnen wir uns keine Ruh,
Dann geht bald die Hose zu;
Jedenfalls wolln wir das hoffen,
Denn die Damen schaun betroffen,

Wenn sie einen König sehn,
Dem die Hosen offenstehn;
So begannen unsre beiden,
Für die Schönheit muß man leiden,

Zu trainiern so manchen Tag,
Das war eine rechte Plag,
Doch es lohnte, selbst sein Mieder
Paßt dem König Alfred wieder.

KÖNIG ALFRED UND SEIN HANSWURST

Der Degensturz

König Alfreds alter Degen
Hat im Kleiderschrank gelegen,
Bevor Hanswurst ihn dort fand
Und sogleich mit ihm entschwand.

Rief: Mein König, Ihren Degen
Werde ich von nun an pflegen,
Was soll der im Kleiderschrank,
Ich putz ihn erstmal schön blank.

Danach möchte ich ihn tragen,
So daß unsre Gäste sagen,
Hanswurst ist der rechte Mann,
Der uns Schutz gewähren kann.

Er wird mit dem großen Degen
Bei Gefahr ins Zeug sich legen,
Dafür gibt man dann auch gern
Unsrem Haus noch einen Stern.

So stand Hanswurst, selbst im Regen,
Vorm Hotel mit seinem Degen,
Der dem Hanswurst, wenn er ging,
Bis auf seine Füße hing.

Da geschah's, ein Hilferufen,
Hanswurst wollt hinab die Stufen,
Doch der Degen war im Weg,
Zwischen seinen Beinen schräg.

So ist Hanswurst abgehoben,
Von der zweiten Stufe oben
Und schlug schmerzhaft bald darauf
Unten mit dem Kopfe auf.

Seitdem ist in aller Munde
Hanswursts große Sternenstunde,
Manche sagen auch nur kurz,
Das war Hanswursts Degensturz.

So war dies ein Grund weswegen
Hanswurst legte ab den Degen,
Und der ruht nun sehr schön blank,
Wieder in dem Kleiderschrank.

KÖNIG ALFRED UND SEIN HANSWURST

Lauscher an der Wand

Alfred K. lag auf der Lauer
Im Park hinter einer Mauer;
Er wollt endlich einmal sehn,
Welche Dinge dort geschehn.

Was der Hanswurst wohl so machte,
Wenn er nicht an Alfred dachte
Und der Gast, der fern der Hatz,
Suchte den verschwiegnen Platz.

Schau der Staatsrat, der infame,
Setzt sich mit der jungen Dame
Vorm Gebüsch auf eine Bank,
Streicht ihr dann am Knie entlang.

Frau von Zitzewitz dort drüben
Kann kein Wässerchen sonst trüben;
Jetzt nun tauscht sie voll Genuß
Mit dem Kammerdiener aus 'nen Kuß.

Und des Hanswursts alte Masche,
Zieht die Flasche aus der Tasche,
Einen Schluck und dann der Schock,
Faßt der Zofe untern Rock.

Fängt nun auch noch an zu lästern
Über Alfreds Fehltritt gestern,
Und der Lauscher an der Wand
Hört so seine eigne Schand.

KÖNIG ALFRED UND SEIN HANSWURST

Den Seinen gibts der Herr

Alfred saß mit seiner Kasse
Morgens schon auf der Terrasse,
Mußten sich die andern quälen,
Liebte er, das Geld zu zählen,

Das man ihm vom Vortag brachte
Und ihm so viel Freude machte;
Für die Stunde in der Frühe
Lohnte sich des Tages Mühe.

Und beim Anblick all der Scheine
Dacht er an die armen Schweine,
Die von früh bis spät sich plagen,
Doch kaum was nach Hause tragen.

Aber schließlich heißt's, den Seinen,
Großen so wie auch den Kleinen,
Würd der Herr im Schlaf es geben,
So ist das nun mal im Leben.

Und der König wollte meinen,
Er gehörte zu den Seinen,
Bei den Scheinen, seinen vielen,
Müßt er eine Rolle spielen,

Die ihn raushebt aus der Masse
In den Stand der Extraklasse;
So ist es denn auch gewesen,
Man konnts in der Zeitung lesen,

Alfred würde schon auf Erden
Sozusagen heilig werden,
Und mit seinen großen Spenden
Gar den heilgen Geist versenden.

Die Monokelträger

Alfred K., der alte Gockel,
Trägt jetzt häufig ein Monokel,
Weil die Damenwelt befand,
Das wirkt äußerst interessant.

Wenn die Damen ihn so sehen,
Ihren Hals nach ihm verdrehen,
Kommt der Alfred recht in Schwung,
Fühlt sich beinah wieder jung.

Auch die gute Kunigunde
War bewegt aus tiefstem Grunde,
Als sie nach dem oh und ach
Dann zu ihrem Alfred sprach:

Wie ich Dich sah mit Monokel
Fiel ich wirklich fast vom Sockel,
Würd Dir alles so gut stehn,
Müßten wir uns öfters sehn.

Ja, selbst die gesamte Presse
Zeigte sofort Interesse
Und gebärdet sich wie wild,
Wer bekommt das erste Bild.

Hanswurst blieb das nicht verborgen,
Machte sich schon große Sorgen,
Daß der Alfred hier im Haus
Spannte ihm die Mädchen aus.

Und er war am überlegen,
Wie nur wehr ich mich dagegen,
Bevor ich ins Leere lauf,
Setz ich auch so'n Ding mir auf.

Er konnt sich es nicht versagen,
Ein Monokel selbst zu tragen;
Jetzt, so sprach er aufgeweckt,
Ist der Partnerlook perfekt.

KÖNIG ALFRED UND SEIN HANSWURST

Der Schlittschuhläufer

Alfred lief bei Eis und Schnee
Schlittschuh auf dem Königssee,
Denn er liebte es zu gleiten
Über ausgedehnte Weiten.

Außerdem war doch ganz klar,
Weil er selbst ein König war,
Daß für ihn bei seiner Ehre
Dieser See grad richtig wäre.

Schlittschuh lief er auch nicht ohne
Seine wunderschöne Krone,
Und er trug dazu ein Licht,
Weshalb wußt er selber nicht.

So zieht Alfred seine Kreise
In ganz exzellenter Weise,
Klassisch wie am Hof beim Tanz
In beschwingter Eleganz.

Ja, man kann schon darauf wetten,
Gleich dreht er die Pirouetten,
Damit kommt er dann zum Schluß;
Ihn zu sehn, war ein Genuß.

KÖNIG ALFRED UND SEIN HANSWURST

Mundwasser für Hanswurst

König Alfred war am Denken,
Was kann ich dem Hanswurst schenken,
Nächste Woche zum Advent,
Wenn das erste Lichtlein brennt.

Da sprach seine Kunigunde,
Hanswurst riecht streng aus dem Munde,
Deshalb sollt es etwas sein,
Was ihm hält den Atem rein.

Ich kann Dir ein Wasser nennen,
Das wird zwar ein wenig brennen,
Doch es ist nicht ungesund,
Und der Hanswurst nimmt den Mund

Nicht so voll, das ist das Beste
Für Geruhsamkeit zum Feste;
Alfred fand das gar nicht schlecht,
Kunigunde, Du hast recht,

Ich werd ihm das Wasser schenken
Und damit sein Mundwerk lenken
Wenn ihm das so richtig brennt,
Wird besinnlich der Advent.

109

KÖNIG ALFRED UND SEIN HANSWURST

Schlaganfall im Pferdestall

Alfreds bestes Pferd im Stall
Hatte einen Schlaganfall,
Denn es schlug nach hinten aus,
Weckte auf das ganze Haus.

Aufgeschreckt von dem Krawall
Lief der König schnell zum Stall,
Und da zeigte sich der Grund,
Alfreds Pferd war ganz gesund,

Doch auf seinem Hintern saß,
So verging ihm rasch der Spaß,
Eine Bremse, die derweil,
Stach ihm in das Hinterteil.

König Alfred zog vor Wut
Sofort seinen steifen Hut,
Holte aus, dann kam der Knall,
Und gelöst war dieser Fall,

Denn die Bremse, sie war tot,
Und befreit aus seiner Not,
Wedelte des Königs Pferd
Jetzt erleichtert mit dem Stert.

So warn alle wieder froh,
Doch es geht nicht immer so,
Manch Problem in Alfreds Land
Löst sich nur mit viel Verstand.

KÖNIG ALFRED UND SEIN HANSWURST

Der Bademeister

Alfred geht in seinem Laden
Jetzt schon dreimal täglich baden,
So daß jeder, der ihn kennt,
Ihn den Bademeister nennt.

Denn der Alfred macht sich grade,
Trifft er jemand an im Bade,
Der durch sein Verhalten stört,
Zeigt er sich zutiefst empört.

So schrie er: Es ist zum Kotzen,
Daß Sie unter Duschen rotzen,
Außerdem war sein Befund,
Wär das auch noch ungesund.

Alfred möcht nie wieder finden
In dem Whirlpool Damenbinden,
Und er legte richtig los,
Denn sein Ärger war sehr groß.

Er entwickelte die tolle
Damenbindenselbstkontrolle,
Und sein Pediкürverbot,
Wenn man ißt, tat wirklich not.

Auch soll man im Bad das Kindel
Nicht mehr schwenken in der Windel,
Denn die Gäste sahen rot,
Wenn sie fanden dort den Kot.

Nun kann man in Alfreds Laden
Wieder recht niveauvoll baden,
Und man hört von jedermann,
Auf den Kopf da kommt es an.

111

KÖNIG ALFRED UND SEIN HANSWURST

Das vermiefte Bockhaus

König Alfred saß im Bockhaus,
Aus dem Fenster hing sein Rock raus,
Denn die alte Jägerkluft
Brauchte dringend frische Luft.

Schuld sei dran allein der Mief,
Daß er heute nacht schlecht schlief,
Außerdem hätt er jetzt Durst
Sprach zu Alfred der Hanswurst.

Mensch, dann setz den Kaffee auf,
Legte los der König drauf,
Danach machen wir den Gang
Durch den Wald am See entlang.

Tür und Fenster öffne weit,
So daß in der Zwischenzeit
Gute Luft und Sonnenschein
Kommt in unser Bockhaus rein.

Gib mir noch den Jägerrock,
Das Gewehr und meinen Stock;
Vielleicht schieß ich auf der Pirsch
Doch mal wieder einen Hirsch.

112

Die Hanswurst

Alfred sprach: Hanswurst zu Ehren
Möcht ich ihm etwas bescheren,
Denn bei seiner Wurstigkeit
Wird es wirklich höchste Zeit,

Daß wir diese anerkennen,
Eine Wurst nach ihm benennen;
Hanswurst soll ihr Name sein,
So wie er, schön rund und klein.

Diese Wurst, sie wird ein Renner,
Wirklich etwas für den Kenner,
Für gehobenen Bedarf,
Gut gewürzt und extra scharf.

Scharf wie Hanswurst soll es heißen,
Wenn die Damen hineinbeißen,
Diese Wurst macht richtig an,
So wie Hanswurst es nur kann.

Und zu jeder Mittagsstunde
Ist Hanswurst in aller Munde,
Kann die Ehrung größer sein?
Lieber Hanswurst, ich denk nein!

KÖNIG ALFRED UND SEIN HANSWURST

Des Königs Nachtgesang

König Alfreds Nachtgesang
Macht die Nachtigall ganz krank;
Sie hört' den Gesang erschallen
Und wär fast vom Ast gefallen.

Rief, das ist ganz unerhört,
Wie Alfred die Ruhe stört;
Will er durch Gesang berauschen,
Gut, dann soll er mit mir tauschen.

Er bekommt den Platz im Baum,
Ich verlasse hier den Raum,
Werd mich in die Lüfte schwingen,
Fern ab vom Hotel nun singen.

Fliegst Du fort, so kommen wir,
Liebe Nachtigall mit Dir;
Viele Vögel, Amseln, Meisen
Alle wollten mit ihr reisen.

Und die Vögel hielten Wort,
Warn am nächsten Tag schon fort,
Kamen auch bisher nicht wieder,
Man hört nur noch Alfreds Lieder.

KÖNIG ALFRED UND SEIN HANSWURST

Wer nicht hören will ...

Wer nicht hören will, muß fühlen,
Ich werd Dir Dein Mütchen kühlen,
Dann wirst Du in Zukunft hören,
Brauchst Dich gar nicht zu empören.

König Alfred war geladen,
Weil der Hanswurst ihm beim Baden
Fast mit seiner ganzen Schwere
Auf den Kopf gesprungen wäre.

Egon hechtete zur Seite,
Nur um eine Haaresbreite
Klatschte, wie ein Sack, ein nasser,
Hanswurst neben ihm ins Wasser.

Unglück schläft nicht, doch die Schnelle
Alfreds, der im Kopf so helle,
Sollt ihn dieses Mal bewahren
Vor den drohenden Gefahren.

Man mag gar nicht davon sprechen,
Hanswurst könnt den Hals ihm brechen,
Alfred läg, oh Gott bewahre,
Schwer verwundet auf der Bahre.

Hanswurst konnt sich nicht bezwingen,
Streng verboten ist das Springen,
Jetzt trägt er allein den Schaden,
Erstmal darf er nicht mehr baden.

115

Das Dirndlkleid

König Alfred näht derzeit
Sich ein fesches Dirndlkleid,
Mit zwei aufgesetzten Taschen,
Er will Ole überraschen,

Nächstens beim Senatsempfang,
Wenn die Damen tragen lang,
Wird er dieses Dirndl tragen,
Oles Herz soll höher schlagen,

Denn das Kleid im dernier cri
Reicht ihm grade bis zum Knie;
In den aufgesetzten Taschen
Gibt's für Ole was zum Naschen.

Nämlich eine Stange Geld,
Die als Spende er erhält;
Denn für Alfred gilt beim Spenden,
Teile aus mit warmen Händen,

Weil er dadurch in der Stadt
Selbst so manchen Vorteil hat,
Und schon jetzt ist abzusehen,
Daß im Blickpunkt er wird stehen.

Alfred und sin Olsch

Alfred sprach zu seiner Olsch,
Wir sind beide streng katholsch,
Und ich dachte, das allein
Wär bereits der Freifahrtschein

Für die Fahrt durchs Himmelstor,
Aber sei einmal ganz Ohr;
Bislang sagte ich kein Wort,
Doch ich war schon mal vor Ort

Dacht', schau dir die Sache an,
Man weiß nie, was kommen kann;
Glauben ist zwar schön und gut,
Trotzdem sei stets auf der Hut.

Dieser Leitspruch altbewährt,
War auch droben nicht verkehrt,
Denn kaum stand ich vor dem Tor,
Lugte Petrus draus hervor

Und empfing mich mit dem Satz:
Für Dich hab ich keinen Platz,
Es reicht nicht katholsch zu sein,
Darauf stell Dein Leben ein.

Scheust Du dort der Wahrheit Licht,
Bleibt die Himmelspforte dicht;
Alfred fragte dann sin Fru,
Nun, was sagst jetzt Du dazu?

Alfreds Olsch war ziemlich baff,
Meinte, Alfred go mi af,
Dir sei aber eingeräumt,
Du hast einfach schlecht geträumt.

* Sh. »Erlebnisse im Hotel« Band II, Seite 19

K. am Bandl

Jetzt gibt es den K. am Bandl
Sogar offiziell im Handel;
Allerdings ein teurer Spaß,
Zielgruppe die upper class.

An den Fest- und Feiertagen
Sollen ihn die Damen tragen,
Diesen K. aus purem Gold,
Glück ist, wenn der Rubel rollt,

Wurde eingraviert am Rande,
Eingestickt nochmal im Bande,
Alfred K. als Mann von Welt
Hat den Leitsatz aufgestellt.

Hier hat er ein großes Wissen,
Das wir sonst bei ihm vermissen,
Und er spielt es auch gern aus,
Bringt es ihm viel Geld ins Haus.

So wirbt er: Mit K. am Bande
Zählt man was im ganzen Lande,
Nur wer sich ihn leisten kann,
Gibt deshalb den Ton mit an.

Die Beschränktheit

Von Alfred K. mit den fünf Sternen
Kann jeder unsrer Leser lernen;
Sein Leitwort für die Mitarbeiter
Geben wir hier im Wortlaut weiter:

»Beschränktheit zeichnet aus den Meister
Schrieb einer unsrer großen Geister,
Und dieser eine, der heißt Goethe,
Bekannt durch seine Zauberflöte.

So sollten Sie sich auch beschränken,
Nicht an Gehaltserhöhung denken,
Dann werden wir die Zukunft meistern
Und am Beschränkten uns begeistern.

Zudem auch sollte man beim Denken
Sich nur auf weniges beschränken,
Den Umsatz steigern, Kosten sparen,
Wer so denkt, ist stets gut gefahren

In meinem Haus, das wird so bleiben,
Solang wir schwarze Zahlen schreiben;
In diesem Sinn sein Sie beflissen
Und meiden tunlichst weitres Wissen.

Das macht nervös, wird auch das Denken
Zudem in falsche Bahnen lenken;
Wenn Sie nicht hörn, kann das nur schaden,
Sie haben es selbst auszubaden.

Im andern Fall, wenn Sie entgleisen,
Muß man Ihr Wissen erst beweisen;
Sie sagen, das hab ich mitnichten
Sind gleich fein raus bei den Gerichten.

Wenn wir nur immer fleißig streben,
Uns stets bemühn, das Beste geben,
Hier möchte ich mit Goethe enden,
Liegt unser Heil in guten Händen.«

Ole schickt mir keine Grüße

Ole schickt mir keine Grüße,
Darauf kann ich lange warten,
Eher küßt er K. die Füße,
Der kriegt von ihm Glückwunschkarten.

Ole ist doch Bürgermeister,
Bürgermeister von uns allen,
Da sagt er nur Scheibenkleister,
Ich will Alfred K. gefallen.

Denn der Alfred kann mir nützen
Bei den Bürgermeisterwahlen,
Ich werd ihn nach Kräften schützen,
Eß bei ihm und muß nicht zahlen.

So sind sie sich eng verbunden,
Und man sagt die beiden haben,
Sich gesucht und auch gefunden,
Sind zwei echte Musterknaben.

Der Kakapo

K. konnt nicht den Hals voll kriegen,
Deshalb wollt er auch noch fliegen,
Doch am Ende, wirklich toll,
Hatte er die Nase voll.

Seine Nase hat getrogen,
Auch wenn seine Flieger flogen,
Flogen sie Verluste ein,
Das konnte der Sinn nicht sein.

Deshalb blieben, K. schrie merde,
Seine Flieger auf der Erde,
Man sprach jetzt vom Papagei,
Der zum Flug unfähig sei.

Gab dem K. auch einen Namen,
Den sonst Papagein bekamen,
Nannte ihn nun ebenso,
Er hieß fortan Kakapo.

Lord Kack gegen Kakapo

Hanswurst war ersichtlich froh,
Als K. sich dazu bekannte,
Daß man ihn den Kakapo
Nach der Flugeinlage nannte.

Dieser Name wirkt so echt,
Fing der Hanswurst an zu schwärmen,
Wird auch Ihrem Ruf gerecht,
Ich kann mich dafür erwärmen.

Kakapo, das trifft den Kern,
Steht im Einklang mit den Gaben,
Die, dank Ihrem guten Stern,
Sie so überreichlich haben.

Mit dem Namen sollte man
Wirklich in die Werbung gehen,
Er zieht noch mehr Menschen an,
Kakapo wolln alle sehen.

Doch das war nicht K.'s Geschmack,
Nicht die Werbung, die er wollte,
Und er sprach, daß man Lord Kack
Ihn auch künftig nennen sollte.

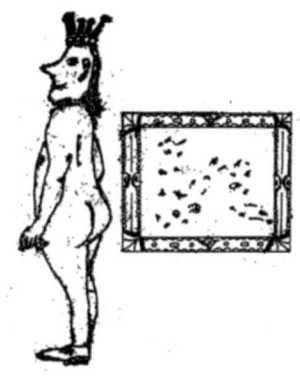

Kakapo und Poposchietel

Was verschreckte Alfred so
Bei dem Namen Kakapo?
War der Name ungebührlich,
Nein, doch wirklich ganz natürlich;

Und er paßte haargenau
Zu des Königs großer Show,
Wenn er seine Kunst kreierte,
Vor den Gästen inszenierte,

Fand Hanswurst, sein Assistent,
Den inzwischen jeder kennt;
Doch bei Alfred konnt mitnichten
Hanswurst damit was ausrichten.

Jetzt nun endlich hatte er
Einen Einfall, hört mal her;
Er dacht, würd beim Assistieren
Mich ein Künstlername zieren,

Sozusagen wie ein Titel,
Kakapo und Poposchietel,
Wären als ein Paar wir zwei
Ganz bestimmt der letzte Schrei.

Hanswurst konnte Alfreds Denken
So in neue Bahnen lenken;
Kakapo und Poposchietel,
Ein besonderes Kapitel.

Kakaponien

In der Stadt sprach sich herum,
Kakapo der ist nicht dumm;
Wir sahn auf dem Bauch ihn landen,
Gleichwohl ist er auferstanden.

Nicht wie Phönix aus der Asche,
Doch mit seiner alten Masche,
Er baut weiter Stein auf Stein,
Sollte uns ein Vorbild sein;

Denn die Stadt, sie liegt mal wieder
Geistig flügellahm danieder,
Könnte sich vielleicht erheben,
Wenn wir ihr den Namen geben,

Der die neue Richtung weist
Und sie Kakaponien heißt,
Setzten wir damit ein Zeichen,
Das die Bürger würd erreichen,

Wurde im Senat beschlossen,
Der Beschluß mit Wein begossen,
Und der Name nebenher,
Gereicht Kakapo zur Ehr.

Der Ritt nach Kakaponien

Kakapo ritt über Land,
Stolzen Hauptes auf dem Rappen,
Seine Fahne in der Hand,
Darauf Kakaponiens Wappen.

Alle Leute blieben stehn,
Kakapo auf seinem Rappen,
Wollten sie natürlich sehn
Und genauso seinen Knappen.

Poposchietel aber war
Wieder mal zurückgeblieben,
Und der Grund, ersichtlich klar,
Dieser Esel, der trotz Hieben

Sich kaum fortbewegen ließ;
Poposchietel noch verlachte,
Ihn, das war besonders fies,
Nämlich mit iah bedachte.

Seltsam war der Anblick schon,
Doch er stimmte alle heiter,
So wie Vater mit dem Sohn
Ging's nach Kakaponien weiter.

Beflissene Richter

Richter sollten frei bemessen,
Nicht gelenkt von Interessen,
Hatten aber unterdessen
Dieses leider ganz vergessen.

Wärn dem K. sie treu ergeben,
Ließe es sich bestens leben,
Deshalb war es ihr Bestreben,
Auf den Sockel ihn zu heben,

Wo er wie die Lichtgestalten
Könnte nach Gutdünken walten;
Dort soll er die Andacht halten,
Still das Volk die Hände falten.

Jedes unrechte Geschehen
Wollt bei ihm man übersehen,
Alle Wege mit ihm gehen
Und ihm stets zu Diensten stehen.

Keiner sollte deshalb wagen,
Wegen Unrecht gar zu klagen;
Dem würd man die Meinung sagen,
Notfalls ihn zum Teufel jagen.

Niemand dürfte sich beschweren,
Auch wenn K. ihn würd entehren,
Doch nun tat sich einer wehren,
Richter wollten ihn belehren.

Unerhört wär sein Betragen,
Alfreds Tun zu hinterfragen,
Doch zu ihrem Unbehagen
Gab der sich noch nicht geschlagen.

Da agierten sie gerissen,
Attestierten K. kein Wissen,
Haben sich, da zu beflissen,
Damit selber angeschissen.

Chaque fou a sa marotte*

Mal ganz im Ernst und ohne Spott:
»Chaque fou a sa marotte«.
Dies sagte, lang schon ist es her,
Der große Francois Voltaire,

Um aufzuklärn in seiner Zeit,
Heut aber sind wir nicht so weit;
Die Wissenschaft hat zwar belegt,
Welch Kopfbedeckung Hanswurst trägt,

Doch aus der richterlichen Sicht
Trägt er die Narrenkappe nicht;
Dabei steht sie ihm doch so gut,
Viel besser als sein steifer Hut.

Was hat den Richter so erregt,
Daß er derart ins Zeug sich legt?
Vielleicht denkt er sogar daran,
Daß er sie selber tragen kann

Die Kappe, ist es also Neid?
Sie paßt so gut zum Robenkleid:
Da hätt er diesmal völlig recht,
Manch einem ständ sie gar nicht schlecht.

*Jeder Narr hat seine Kappe

Sei devot!

Daß die Richter sich nicht schämen,
K. darf uns die Würde nehmen,
Denn das ist sein gutes Recht
In dem deutschen K.-Geflecht.

Dies wär üblich hier im Lande,
Lug und Trug sind keine Schande,
Jedenfalls bei hohen Herrn,
Ihnen dient der Richter gern.

Wer da meint, er müßt sich wehren
Und dagegen aufbegehren,
Wird, denn er liegt ganz verkehrt,
Eines besseren belehrt.

Dafür hat man Paragraphen,
Geld und Haft als Ordnungsstrafen,
Kritisches ist ungesund,
Halte tunlichst deinen Mund.

Würde läßt sich doch auch zeigen
Durch Zurückhaltung und Schweigen,
Als das oberste Gebot
Gilt noch immer: Sei devot!

Kein Funken Ehrgefühl

Daß die Richter trotz mehr Wissen
Jetzt die weiße Fahne hissen*
Aus dem Kack'schen Hinterteil,
Ist noch aussichtslos derweil;

Denn bestimmt wolln sie im Hintern
Erst mal sicher überwintern,
Und mir scheint, bei Licht besehn,
Kann das jeder gut verstehn.

Schließlich sind die Richter heute
Durchweg sehr erfahrne Leute;
So ziehn sie das Ehrgefühl
Dabei auch mit ins Kalkül.

Wenn vom Ehrgefühl der Funken
Das entzündet, was gestunken,
Käm im hinteren Bereich
Einer Explosion dies gleich.

Nun auf Ehre und Gewissen,
Wer ist wohl noch so beflissen,
Setzt sich aus dem Risiko,
Und dazu in Alfreds Po.

* Sh. Band VII, »Die weiße Fahne«, S.153

Die Trophäen

Alfreds Stirn, sie lag in Falten,
Als er sprach zu seiner Alten:
Hanswurst kann die Wurst nicht halten,
Deshalb bin ich tief gespalten.

Wie soll er einmal regieren,
Wenn er bereits nach zwei Bieren,
Kann nicht gradeaus mehr gehen
Und verliert die Wurst im Stehen.

Das ist wirklich ernst zu nehmen,
Nun, Du solltest Dich nicht grämen,
Alfred noch stehst Du am Ruder,
Ich halt ihn zwar für ein Luder

Deinen Hanswurst mit dem Röhren,
Doch Du wolltest ja nicht hören;
Irgendwann hast Du den Schaden
Dann auch selber auszubaden.

Aber laß Dich nicht verdrießen,
Noch ist Zeit, ihn abzuschießen,
Außerdem, das mußt Du sehen,
Hätten wir noch mehr Trophäen.

Hopfen und Malz verloren

Wenn wir hier die Blicke lenken
Auf den König und uns fragen,
Wandelte sich unser Denken?
Müßten wir noch immer sagen:

Bei ihm und Hanswurst ist Hopfen
Und desgleichen Malz verloren,
Würd an ihren Kopf man klopfen,
Kläng es hohl; unausgegoren,

Was sie dort zusammenbrauen,
Um es dann von sich zu geben;
Alle, die das nicht durchschauen,
Beide auf den Sockel heben,

Wo besondre Menschen thronen,
Lassen das Vertrauen schwinden,
Hier in einem Land zu wohnen,
Wo wir Malz und Hopfen finden.

Nicht ganz dicht

Aus des Hanswursts neuster Sicht
Ist der König nicht ganz dicht;
Schon, daß er ihn hat entlassen,
Ist vom Grund her nicht zu fassen.

Jeder sagte doch, Sie sind
König Alfreds liebstes Kind,
Und ganz offensichtlich tat der
So als wär er Hanswursts Vater.

Jetzt von einem Vater dies,
Es war wirklich mehr als fies,
Hanswurst war total gebrochen,
Hat sich tagelang verkrochen.

Da nun fiel ihm wieder ein,
Es muß Alfreds Dichtung sein,
Weil auch andre Leute fanden,
Daß sie Alfred kam abhanden.

Was zudem dafür noch spricht,
Ist auf Alfreds Kopf das Licht,
Denn aus Hanswursts neuster Sicht her
Scheint's als wäre nicht ganz dicht er.

Hanswurst's Einsicht

Das ist wirklich ziemlich dreist,
Denn man hört jetzt, wie es heißt,
Daß sogar der Hanswurst scheißt
Auf des Königs heilgen Geist.

Nachdem Hanswurst wurd gefeuert,
Hat er mehrfach dies beteuert,
Und den Vorwurf gleich erneuert,
Daß der König sei bescheuert.

Nun, verstehen kann man's schon,
War doch Hanswurst wie sein Sohn,
Jeder dacht' der Treue Lohn
Wär dereinst des Königs Thron.

Und zum Dank für all sein Streben,
Hat Alfred, so ist er eben,
Das kommt öfters vor im Leben,
Ihm nur einen Tritt gegeben.

Trotzdem ist es schon gediegen,
Hanswurst's Einsicht kam beim Fliegen,
Meint, Gerechtigkeit wird siegen,
Alfred seine Strafe kriegen.

Der genüßliche Stuhlgang

Seit der Hanswurst flog hinaus
Unsanft aus dem Königshaus
Ist er nicht mehr gut zu sprechen
Auf den König, ließ sich stechen

Unter seinem Arschgeweih
Nun des Königs Konterfei;
Und er meinte, diese Fratze
Wäre dort am rechten Platze;

König Alfred mit Geweih
Für Hanswurst der letzte Schrei;
Es bereite Wohlbehagen,
Auf dem Hintern ihn zu tragen.

Wenn der Hanswurst jetzt mal muß,
Wird der Stuhlgang zum Genuß,
Da er den Ernährungsfürsten
Gleich beglückt mit seinen Würsten.

Daß ihm das mal Freude macht,
Hätte Hanswurst nie gedacht,
Doch es ändern sich die Zeiten
Und der Spaß, den sie bereiten.

Die Lichtgestalt

Hab ich Hanswurst nicht gesagt,
Auch wenn es Dir nicht behagt,
Alfred läßt Dich einst links liegen,
Dann aus seinem Hause fliegen.

Und tatsächlich, jetzt erfuhr
Hanswurst diese Prozedur,
Die wir nun seit Jahren kennen,
Bei dem König üblich nennen,

Denn so manchem Direktor
Ging's genauso schon zuvor;
Alfred hält nichts von der Treue,
Immer setzt er auf das Neue,

Menschliches ist ihm ganz schnurz,
Das kommt dabei stets zu kurz,
Und so sieht man ihn, den Alten
Nur sich selbst die Stange halten.

Doch darüber schweigt man halt,
Alfred, diese Lichtgestalt
Soll man achten, soll man lieben,
Deshalb wird sie schön geschrieben.

K. erwache!

Ich hätt K. zum Heil gesungen,
Doch es ist mir nicht gelungen;
An den Richtern hat's gelegen,
Sie verweigerten den Segen,

Weil das Singen könnte stören,
Sollte nicht mal K. es hören;
Nun wird er wohl einst beklagen,
Daß man es ließ untersagen;

Für ihn gibt es nichts zu lachen,
Denn so wird er erst erwachen,
Wenn die Flammen sind zu spüren,
Die zur Läuterung ihn führen.

Damit K. sich nicht muß quälen,
Wär den Richtern zu empfehlen,
Daß sie keine Mühe scheuen
Und K. bitten zu bereuen.

Wenn sie wieder für ihn springen,
Könnten sie doch dabei singen:
K. erwache! K. erwache!
Für das Heil in eigner Sache.

K. lebe hoch!

Heut möcht ich mein Glas erheben
Auf den K., hoch soll er leben,
Weil ich nun im vierten Jahr
Nicht mehr hin zum Kackhaus fahr.

Wurde damals von dem großen
K. aus seinem Haus verstoßen,
Doch seit langem ist mir klar,
Daß ich fehl am Platz dort war.

Wenn wir, statt K. zu vertrauen,
Hinter die Kulissen schauen,
Sehn sein Haus mal ungeschminkt,
Wird uns deutlich, daß es stinkt.

Noch mal wolln wir's nicht beschreiben,
Euch unter die Nase reiben,
Was verbirgt der falsche Schein,
Dürft bekannt inzwischen sein.

Ich bin jedenfalls zufrieden,
Seit das Kackhaus ich gemieden,
Deshalb hebe ich das Glas
Mög K. nicht vergehn der Spaß!

Aus den Angeln

Weil's dem Richter so gefällt,
Mußt ich zahlen Ordnungsgeld,
Da er sonst die Ordnung schafft
Hier im Land mit Ordnungshaft.

Was er schlicht für Ordnung hält,
Hat sie auf den Kopf gestellt,
Denn für mich ist sie derweil
Ganz genau das Gegenteil.

Ordnung tut auf wahrem Grund
Sich dem Ordentlichen kund,
Doch der Richter scheut das Licht,
Wahrheit hören will er nicht.

Sie paßt nicht in seine Welt,
Fasziniert vom großen Geld,
Und dazu vom Schein entzückt,
Hat er sie schnell unterdrückt.

Für den Rechtsstaat merklich schlecht
Entsteht so ein Ordnungsrecht,
Das ihn, so bahnt es sich an,
Aus den Angeln heben kann.

Tassen im Schrank

Darauf kann man sich verlassen,
Ich werd mich mit K. befassen,
Bis er ausruft: Gott sei Dank
Habe ich in meinem Schrank

Wieder alle meine Tassen;
Wo hatt' ich die bloß gelassen,
Doch es scheint mir, Stück für Stück
Bracht der Schuldner sie zurück,

Weil durch seine Versgeschichten
Sich mein Hirn begann zu lichten,
Irgendwie war im Verstand
Eine Sicherung durchgebrannt.

Ich hört' zwar die Glocken läuten*
Als ich war beim Therapeuten,
Doch die Wirkung vom Gedicht
Hatte dies bei weitem nicht.

Ich werd nun im weitren Leben
Acht auf meine Tassen geben,
Sie gehören in den Schrank,
Wurde klar mir, vielen Dank!

* Sh. »Erlebnisse im Hotel« Band III, Seite 127

143

Für Schatzgräber

In meinem Nachlaß liegt kein Schatz,
Denn was ich schrieb, war für die Katz;
Das meiste machte ich bekannt,
Es bleibt ein kleiner Restbestand.

Den kann man sichten, wenn man mag;
Viel kommt ganz sicher nicht zutag,
Trotzdem, es reichte immerhin,
Zög nur ein einzger draus Gewinn.

Vielleicht schreib ich noch ein Gedicht,
Vielleicht auch zwei, ich weiß es nicht;
Grabt nicht danach und scheut die Müh,
Sonst freut ihr euch vielleicht zu früh.

Das wiederum tät mir sehr leid,
Ich möcht nicht stehlen euch die Zeit;
Wägt ab den Rat, den ich euch gab,
Damit ich meine Ruhe hab.

ANHANG

Treusein

Prüfe jeden Tag auf's neu,
Ob Du Dir bliebst selber treu;
Wenn ja, gibt's nichts zu bereuen,
Du kannst Dich darüber freuen,

Weil, wenn Reue an Dir nagt,
Diese Dich meist weit mehr plagt
Als das, was Du mußt bereuen,
Ließ Dich vorher erst erfreuen.

Deshalb bleib Dir selber treu,
Trenn das Gute von der Spreu,
Um Dir Unbill zu ersparen,
Wahre Freude zu erfahren.

Das Privileg

Der Apfel fällt nicht weit vom Stamm,
Da machen sie erst viel tam, tam,
Ein jeder wär ein Unschuldslamm
Und steht dann auch nur wieder stramm.

Vor richterlicher Staatsgewalt,
Da werden schnell die Füße kalt,
Was immer dort mag auch geschehn,
Bequemer ist es wegzusehn.

Heut stellt man niemand an die Wand,
Das ist ein Fortschritt hier im Land,
Was ist dagegen schon ein Tritt,
Den nimmt man anstandslos gern mit.

Wenn man nur seine Ruhe hat,
Zu essen und auch Fernsehn satt;
Für hohe Herrn das Privileg
Schafft man ja doch nicht aus dem Weg.

Die Gewissenlosen

Manch ein Mensch wurd vom Gewissen
Bisher sicher nicht gebissen;
Vielleicht ist er aber bloß
Einfach nur gewissenlos.

Ein Gewissen, wird er sagen,
Schafft doch nichts als Unbehagen,
Deshalb nützt es ungemein,
Schlichtweg unwissend zu sein.

Denn wenn wir das Wissen missen,
Kann sich regen kein Gewissen,
So sagt man, was ich nicht weiß,
Das läßt kalt, macht mich nicht heiß.

Und es ist ein heißes Eisen,
Einem andern zu beweisen,
Daß er sehr wohl Wissen hat,
Wenn er dieses leugnet glatt.

Hieß es zu gewissen Zeiten,
Das Gewissen soll Dich leiten,
Sagt man heut oft kurz und knapp,
Wenn es stört, dann schalt es ab.

Die Führer

Manch ein Mensch der läßt uns spüren,
Er ist ausersehn zum Führen,
Und mit dem, was er so schafft,
Wurde er zur Führungskraft.

Er führt Männer, er führt Frauen,
Mit Bewundrung muß man schauen,
Was mit ihnen er erbaut,
Kaum, daß man den Augen traut.

Welche Pracht und welche Größe,
Ständig neue Denkanstöße,
So daß fast kein Tag vergeht,
Wo nicht in der Zeitung steht,

Was das Land ihm hat zu danken,
Um den sich Gerüchte ranken,
Daß sogar ein heilger Schein
Würd ihm Richtungsweiser sein.

Dem zum Trotz zeigt er die Zähne,
Wo gehobelt wird, falln Späne,
Unter seinem strengen Blick
Brach sich mancher das Genick.

Doch wohin könnt das schon führen,
Würd man dem auch mal nachspüren,
Nein, am Ende wärn wir bloß
Dann womöglich führungslos.

Dank Dir!

Es wird Zeit, Dir Dank zu sagen,
Hast mich so lang rumgetragen,
Eigentlich mein Leben lang
Und warst dabei kaum mal krank.

Was sind wir umhergelaufen,
Mußtest oft schon richtig schnaufen,
Manchmal sicher fast zuviel,
Doch im Auge stets ein Ziel.

Willig trugst Du jede Bürde,
Nahmst mit mir so manche Hürde
Und magst immer noch nicht ruhn,
Hast mit mir ganz schön zu tun.

Wenn Du willst, dann mach so weiter,
Und ich bleibe Dein Begleiter
Bis der Tag kommt, dann hast Du
Mit der lieben Seele Ruh.

Ein töricht Weib*

Bin ich nicht ein töricht Weib,
Schwing ihn aus zum Zeitvertreib
Meinen Schläger, das ist Golfen,
Manchmal etwas unbeholfen,

Doch es überwiegt die Lust,
Welch Empfinden in der Brust,
Sehe ich den Golfball fliegen
Bis er bleibt vorm Loche liegen.

Dabei wird mir nichts geschenkt,
Hab die Hüfte mir verrenkt,
Und die drauf erlittnen Schmerzen
Gingen wirklich mir zu Herzen.

Doch ich bin ein töricht Weib,
So daß ich am Balle bleib,
Darf ich meine Bälle schlagen,
Will ich Schmerzen gern ertragen.

*Gewidmet der anmutigen Golfspielerin
Helga Hollenbach in Börnsen

Sterben ohne Gram

Gräme Dich nicht vor dem Sterben,
Wenn sich freuen Deine Erben
Hat das Sterben immerhin
Dadurch auch schon einen Sinn.

Kannst im voraus Du zuweilen
Ihre spätre Freude teilen,
Wär es wohl kaum einzusehn,
Wolltest Du nun gar nicht gehn.

Außerdem weißt Du, es sterben
Auch beizeiten Deine Erben,
Und je länger Du hier bist,
Desto kürzer wird die Frist,

In der sie von Deinen Gaben
Etwas Gutes für sich haben;
Sterbe drum mit gutem Mut,
Denn der Gram tut Dir nicht gut.

In Volkes Namen

Wenn die Richter stets verkünden,
Daß im Dienst des Volks sie stünden,
Müßten sie es ehren, achten
Als den Souverän betrachten.

Doch wenn sie bei allem Wissen
Lassen das Gefühl vermissen
Für die Ehre, fragt sich eben,
Wie sie die dem Volk wolln geben.

Dies Gefühl, es gibt den Rahmen,
Um wie sie, in Volkes Namen.
Was sie urteiln zu verkünden,
Damit läßt es sich begründen.

In dem wahrheitlichen Streben
Dürft ihr euch die Ehre geben,
Seinen Namen zu benutzen,
Würdet ihn sonst nur beschmutzen.

Die grundsätzliche Bedeutung

Richter vom Finanzhof lehren,
Daß nicht von Bedeutung wären
Wahrheiten, die der Verstand
Hätt als richtig klar erkannt.

Diese Paragraphenblinden
Wollen keine Wahrheit finden,
Denn die Paragraphenflut
Ist für sie das höchste Gut.

Nur die Flut der Paragraphen
Trägt ihr Schiff zum sichren Hafen.
Gäb es nicht den Paragraph
Kämen sie nicht in den Schlaf.

Deshalb wird den Paragraphen
Keinesfalls man Lügen strafen,
Ist er ab und zu verkehrt,
Mindert das nicht seinen Wert.

Und im Grundsatz kann das Denken
Man sich aufgrunddessen schenken,
So daß man in diesem Geist,
Was nun folgt weit von sich weist:

Grundsätzlich bedeutend wäre,
Daß man Wahrheit gibt die Ehre,
Für den rechtlichen Bestand
Und das Ansehn hier im Land.

Zur Würde

Eine Scheinwelt ist ihr Leben,
Sie verklärn sich selbt ihr Sein,
Wahrheit darf es dort nicht geben,
Stört sie sonst ganz ungemein.

Wer erwacht, bestimmt zum Sehen,
Diese Wirklichkeit erkennt,
Ist, er wird allein bald stehen,
Von den anderen getrennt. 1)

Wie bequem, nur mitzuschwimmen
In dem Strom, im Geist der Zeit,
Freudiger dagegen stimmen
Offner Blick, Aufrichtigleit, 2)

Um dem Würde zu verleihen,
Der nach hohen Zielen strebt,
Sucht sich selber zu befreien,
Aus der Masse sich erhebt. 3)

1)-3) Sh. »Hermann Hesse
Lektüre für Minuten« S. 184, 96, 89

Mein Bestreben

Für alle nichts, für jeden was,
So stellte sich die Frage;
Ich schrieb darauf so dies und das
Und über meine Lage.

Für jeden was, macht das denn Sinn?
Ich wollt es ausprobieren
Und hatte dabei immerhin
Rein gar nichts zu verlieren.

Für alle nichts, was stört's, nun gut
Auch damit läßt's sich leben,
Wenn man für sich das Rechte tut,
Grad dies war mein Bestreben.

Niedertracht

Gar mächtig ist die Niedertracht,
Die sich im Lande breit gemacht;
Du willst dagegen aufbegehren,
Man wird Dich eines Bessren lehren.

Halt Dich nur fern von dieser Macht,
Sie hat schon manchen umgebracht,
Gedeiht auf ihrem Wege prächtig,
Wird ganz allmählich übermächtig.

Wer sich nicht fügt, der wird verlacht,
Verleumdet und mit Hohn bedacht;
Sie führt ein Dasein ohnegleichen
Und dies in allen Machtbereichen.

Ob Wirtschaft, Politik, ob Recht,
Die Niedertracht als ein Geflecht,
Wird, wenn wir unsren Kampf nicht führen,
Wohl vielen noch die Luft abschnüren.

Lebensweisheit

Was man für recht hält, muß man tun, 1)
Dein Feld bestellst Du nicht im Ruhn,
Du gehst auch leichter von der Welt,
Hast Du zuvor es gut bestellt.

Räum ein den Dingen nur die Macht
Wie Du es hältst für angebracht,
So führt der Weg zur Weisheit hin,
Bestimmt man selbst des Lebens Sinn,

Indem man nicht an andern hängt,
Schicksal von außen her empfängt,
Es aus dem eignen Innern führt,
Als Atemzug des Lebens spürt. 2)

1)-2) Sh. »Hermann Hesse
Lektüre für Minuten« S. 99 u. 102

Der Unfug

Der Unfug des Sterbens, der Unfug des Lebens*
Als Grundstein meines denkenden Strebens?
Gewiß hätt ich dann zu viel nachgedacht,
Gedanken mir über Unfug gemacht.

Doch wenn man das Gros der Menschen betrachtet,
Erscheint es beschränkt, im Geiste umnachtet;
Man sucht dort nach der Essenz des Lebens
Trotz größter Mühe ganz sicher vergebens.

Kann auch zu Recht, von daher gesehen,
Das Leben der Menschen als Unfug verstehen,
Und dieser Unfug, der wird sich vererben,
Schon aufgrunddessen natürlich nicht sterben.

Kein Sterben, wie schön, dafür auch kein Leben,
Ich lag mit dem Denken völlig daneben;
Zumindest darf ich getrost weiterschreiben,
Denn wie es auch sei, der Unfug wird bleiben.

* Prentice Mulford, »Unfug des Lebens
und des Sterbens«

Die lustige Witwe

Es heißt, daß sich die Pensionen
Nur in dem Fall richtig lohnen,
Wenn hernach die Ruhefrist
Von sehr langer Dauer ist.

Denkt man an die Wirtschaftskraft,
Die ein solcher Anspruch schafft,
Würd es sich für alle lohnen,
Wenn sich die Beamten schonen.

Außerdem kann auch ein Greis,
Wie inzwischen jeder weiß,
Ehelichen eine nette
Jungfrau noch im Krankenbette,

Damit sie nach seinem Tod,
Gut versorgt und ohne Not,
Als, das freut dann jedermann,
Lust'ge Witwe leben kann.

So sollt jeder vor dem Sterben
Die Pension schon mal vererben,
Und am besten, wie ich find,
Seinem eignen Enkelkind.

Die andre Wange

Jemand schlug ihm auf die Wange,
Er hielt auch die andre hin,
Und es dauerte nicht lange,
Traf ein weitrer Schlag sein Kinn.

Darauf wolln wir uns beschränken,
Wie die Sache weitergeht,
Mag sich jeder selber denken,
Wer hier seinen Mann nicht steht,

Wird gepeinigt und getreten,
Hat mit Bösem er Geduld,
Hilft kein Hoffen und kein Beten,
Erwächst daraus eigne Schuld.

Unrecht gilt es abzuwehren,
Und zwar mit der ganzen Kraft,
Es wird sich sonst weiter mehren,
Weil es stetig Unheil schafft.

Der Herr wirds richten

Manch ein Mensch verläßt sich gern
Ganz allein nur auf den Herrn,
Sieht nicht seine eignen Pflichten,
Denn der Herr, er wird's schon richten.

Dieser Mensch voll Gottvertraun
Will das Unrecht hier nicht schaun;
Geht das Recht im ganzen flöten,
Sieht er selbst sich nicht in Nöten.

Er verläßt sich auf den Herrn,
Und das Nächste liegt ihm fern,
Selbst die Dinge anzufassen,
Sie dem Herrn zu überlassen,

Macht das Leben angenehm,
Ist zudem auch sehr bequem,
Denn der Herr, er wird's schon richten,
Doch der Herr, er sprach: Mitnichten,

Wozu gab ich Euch Verstand,
Jammert nicht nach meiner Hand,
Und versäumt Ihr Eure Pflichten,
Denkt daran, ich werd Euch richten!

Überlegung

Ich könnt, wenn ich wollte
Und hab keine Lust,
Sie wollt, wenn sie könnte,
Lebt deshalb im Frust.

Da ist es doch besser,
Man kann was man will,
Will nicht, was man nicht kann,
Lebt heiter und still.

Der Nestbeschmutzer

Nestbeschmutzer sollt man nennen
Jenen, der den Schmutz gemacht,
Daß wir seinen Namen kennen,
Wäre sicher angebracht.

Nestbeschmutzer, den zu nennen,
Der nur auf den Schmutz hinweist,
Zeugt, man sollte das erkennen,
Jedoch nicht von sehr viel Geist.

Denn das Nest, es wird nicht sauber,
Wenn den Schmutz man übersieht,
Glaubt nicht diesen faulen Zauber,
Da sonst folgendes geschieht:

Man wird ihn nicht mehr beachten,
Und der Schmutz er tritt sich fest,
Ihn dann schließlich so betrachten
Als gehörte er zum Nest.

Gleichwohl, die Fassadenputzer
Pflegen mit Bedacht den Schein,
Die ihn störn sind Nestbeschmutzer,
Äußerlich soll's sauber sein.

Weniger wär mehr

Hab ich etwa übertrieben,
In der Tat zu viel geschrieben?
Ich hört' schon, daß dies so wär,
Nämlich weniger wär mehr.

Doch mir kommen da Bedenken,
Sollt ich wirklich mich beschränken,
Denn im Vielen, fällt mir ein,
Könnte vielleicht etwas sein,

Das grad einer würd gern lesen;
Es wär nun nicht dagewesen,
Hätt ich weniger gemacht,
Wurde daran auch gedacht?

Ich denk, was nicht bringt Behagen,
Kann man einfach überschlagen,
So sucht man sich das heraus
Was gefällt, läßt andres aus.

Jeder mag für sich auswählen,
Mit dem Vielen sich nicht quälen,
Denn das weniger wär mehr,
Nachzudenken fällt schon schwer.

Wäre nichts dann nicht am meisten?
Ich dürft mir rein gar nichts leisten,
Da schreib ich schon lieber mehr,
Selbst wenn das gibt nicht viel her.

Die Freiheit der Wahrheit*

Daß der Mensch sich allgemein
Einer Wandlung unterzieht,
Es dürft wohl ein Wunschtraum sein,
Daß dies irgendwann geschieht.

Doch wir brauchen ihn, den Traum,
Was vereinzelt Wirklichkeit,
Könnt gewinnen noch an Raum,
Wenn wir nutzen unsre Zeit,

Um zu wirken in dem Kreis
Der auf wahrem Grunde steht,
Wo man allzu gut nur weiß,
Wie leicht Freiheit untergeht.

Für der Wahrheit Grundbestand
Kommt es auf's Bewußtsein an
Eines Volkes, ob im Land
Er sich frei entfalten kann.

Erreicht man die Menschen nicht,
Folgt Beherrschung und Zensur,
Es verlöscht der Freiheit Licht;
Laßt zurückdrehn nicht die Uhr!

* Sh. Karl Jaspers »Mitverantwortlich«
Seite 201.

Zensuren

Gibt man für die Verse nur
Mir die schlechteste Zensur,
Nehme ich das niemand krumm,
Nein, gerade andersrum;

Hab ich Freude doch daran,
Wenn es jemand besser kann;
Außerdem, glaubt mir, ich lern
Immer noch dazu ganz gern.

Allerdings gibt's die Zensur
Von recht unguter Natur;
Übt Zensur aus das Gericht,
Mag ich das beileibe nicht;

Denn verbietet es den Mund,
Obgleich Wahrheit er gibt kund,
Scheint uns dies aus gutem Grund
In der Tat sehr ungesund.

Damit fängt das Unheil an,
Daß man nicht frei reden kann;
Deshalb gebt bereits gut acht,
Wenn man einen mundtot macht.

Die Quelle für das Licht*

Es kommt auf jeden von uns an,
Auf den uns eignen Wert,
Damit das Land gedeihen kann,
Sich nicht ins Abseits kehrt.

Wir solln die Quelle für das Licht
In unsrem Staate sein,
Die Machtgebilde sind es nicht,
Stelln wir uns darauf ein.

Sonst wird der Grund auf dem wir stehn
Moralisch zum Morast,
Darin wird jeder untergehn,
Der sich nicht angepaßt.

* Sh. Theodor Plivier »Humanität und Staat«
in »Freiheit unser höchstes Gut«.
Ein Lesebuch für die Abschlußklassen
der Hamburger Schulen, Seite 20

Der Teufel an der Wand

Sicher ist es provokant,
Wenn ich hier im deutschen Land,
Mit dem Schreiber in der Hand
Mal den Teufel an die Wand.

Doch allein die Reaktion
Auf das Malen zeigt uns schon,
Die Gefahr ist nur gebannt,
Wird als solche sie erkannt.

Ist erst mal der Teufel los,
Dann ist das Entsetzen groß,
Und der mag den gleichen Schritt,
Da marschiert er freudig mit.

So gilt es zu provoziern,
Daß nicht alle mitmarschiern,
Dafür soll sein der Garant
Grad der Teufel an der Wand.

Die Bürgschaft

Staatsanwälte sollten bürgen
Für das Recht, für sein Bestehn,
Wenn sie es stattdessen würgen,
Darin auch noch Ordnung sehn,

Mit den Richtern im Verbunde,
Weil sie Interessen schützt,
Geht der Rechtsstaat vor die Hunde,
Fragt sich, ob es ihnen nützt.

Man sollt diesen Rechtsstrategen
Ernstlich auf die Finger schaun
Und das Handwerk ihnen legen,
Sie verdienen kein Vertraun.

Eine Bürgschaft braucht Aufrechte,
Wahrer Ordnung als Garant,
Keine Würger, keine Knechte,
Sie zerstören unser Land.

Die Kammern

Wenn die richterlichen Kammern
Gegenüber Wahrheit blind,
Dich mit festem Griff umklammern,
Nicht des Rechtes Hüter sind,

Denk ich, braucht man nicht zu jammern,
Sind sie geistig auch verquast,
Schließlich gibt es keine Kammern,
Wo man heut noch wird vergast.

Doch es wär nicht angemessen,
Grad wo Wahrheit wird verdreht,
Was geschehn ist zu vergessen,
Wer weiß schon wie's weitergeht.

Der echte Durchblick

Die Zeit, sie macht uns alle klein,
Es bleibt nicht viel vom schönen Schein,
Und wenn wir trotzdem nicht verbittern,
Obwohl ganz langsam wir verwittern,

Uns heiter zeigen und vergnügt,
Weil auch der schöne Schein oft trügt,
Läßt sich grad in den letzten Jahren
Der echte Durchblick noch erfahren,

Wenn sich der Geist nicht schlafen legt,
Von einem Tag zum andern trägt,
Erkennt im Werden und Vergehen
Den schwankend Grund auf dem wir stehen.

Doch mit der Aussicht, daß sich's lebt
Weit besser, wenn man erst entschwebt,
Daß uns hier niemand kann was rauben,
Solang wir nur fest daran glauben.

Denken und Leben

Wenn das Denken und das Leben
Sich zur Einheit hin verweben,
Sind wir einsam in der Welt,
Meist allein auf uns gestellt. 1)

Finden kaum einmal Gefallen,
Eher Gegnerschaft bei allen, 2)
Weil ein Mensch, der sehr viel denkt,
Dadurch schon die andern kränkt.

Denn sie wolln befreit vom Denken
Sich im Wohlgefühl versenken,
Wo ein Mensch der denkt nur stört,
Somit auch nicht hingehört.

Soll nach wahrem Sinn er streben,
Sie wolln heute was erleben,
In der Welt von fadem Schein
Glücklich und zufrieden sein.

1) und 2) Sh. »Hermann Hesse
Lektüre für Minuten« S.147

Ein Lied ging um die Welt

Ein Lied ging um die Welt,
Ein Lied das so gefällt,
Doch was dahinter steht,
Ist wie vom Wind verweht.

Man will der Wahrheit Licht
Bei uns noch immer nicht,
Daß Bürger aufrecht gehn,
Mag das Gericht nicht sehn.

Wer hier nicht angepaßt,
Der wird hart angefaßt,
Auch nur ein bißchen Mut,
Der paßt ins Bild nicht gut.

Sie geben sich modern,
Im schwarzen Rock die Herrn,
Der abgestandne Mief,
Er sitzt noch immer tief.

Die gute neue Zeit
Erscheint im alten Kleid,
Da leuchtet uns kein Stern,
Wie ist er nur so fern.

In seiner Todesstunde

Ich sehe die traurigen Augen
Vom alten gebrochenen Mann;
Er ist vor Jahren gestorben,
Seine Augen sehen mich an.

Er konnte sich nicht mehr wehren
Vor dem Haß durch den Schwiegersohn;
Der hat den Alten verabscheut,
Ihn verachtet mit bitterem Hohn.

War'n beide im gleichen Zimmer,
Hat der Schwiegersohn ihn übersehn,
Und fragte der Alte etwas,
Ließ er, ohne Antwort, ihn stehn.

Er machte den Alten zur Puppe
Aus totem, wertlosen Holz,
Noch lebend, durch ihn gestorben,
Darauf war der Schwiegersohn stolz.

Er sah nicht die traurigen Augen,
Die Tränen vom alten Mann,
Doch in seiner Todesstunde
Sehn ihn diese Augen an!

Die junge Frau von nebenan*

Die junge! Frau von nebenan,
Oft hab ich sie gesehn;
Man spricht jetzt roh von Selbstmord,
Ich kann das nicht verstehn.

Die junge Frau von nebenan,
Ernst war schon ihr Gesicht;
Daß sie so sehr verzweifelt war,
Das ahnte man doch nicht.

Freitod ist niemals Mord,
Drum bitt ich Euch, streicht dieses Wort!
Freitod ist niemals Mord,
Drum bitt ich Euch, streicht dieses Wort!

Die junge Frau von nebenan,
Wie konnte das geschehn,
Hab ich mit offnen Augen
An ihr vorbeigesehn?

Die junge Frau von nebenan,
Ich bitt sie um Verzeihn,
Denn eher könnten wir vor ihr
Schuldig geworden sein.

Freitod ist niemals Mord ...

Die junge Frau von nebenan,
Sie starb einsam, allein;
Nie war sie eine Mörderin,
Wer's doch sagt, ist so klein.

Die junge Frau von nebenan,
Ich trauere um sie.
Ihr früher Tod berührt mich tief,
Und ich vergeß sie nie.

Freitod ist niemals Mord ...

Strafgesetzbuch § 211. Mörder ist, wer aus Mordlust, zur Befriedigung des
Geschlechtstriebs, aus Habgier oder sonst aus niedrigen Beweggründen, heim-
tückisch oder grausam ... einen Menschen tötet.

*Aus LP »Schattensaiten« 1975
von Gerd Knesel, Text H. Scheurer

Auschwitz*

Vergeßt sie nicht, vergeßt sie nicht,
Die HOLOCAUSTS der Welt;
Von Schuld frei ist wohl nur ein Mensch,
Der mutig sich dagegen stellt.

Wir dürfen nicht verdrängen,
Als gäb es Auschwitz nicht,
Der Wille zum Erkennen,
Er ist der Weg zum Licht.

Auschwitz, jenseits vom Verstehen,
Unfaßbare Wirklichkeit,
Wär sie dadurch ungeschehen,
Gern ständ ich dem Tod bereit.

Auschwitz, einer dieser Orte
Völkermord und Barbarei,
Zu bescheiden bleiben Worte,
Doch wer hört der Toten Schrei.

Auschwitz, aller Menschen Bürde,
Klagt die ganze Menschheit an,
Nahm der Mensch dem Mensch die Würde,
Diese Tat trifft jedermann.

Auschwitz, immer wieder denken,
Uns in seinen Opfern sehn,
Sollte jeden Menschen lenken,
Nie ein Auschwitz neu entstehn.

Vergeßt sie nicht, vergeßt sie nicht
Die HOLOCAUSTS der Welt;
Von Schuld frei ist wohl nur ein Mensch,
Der mutig sich dagegen stellt.

Wir dürfen nicht verdrängen,
Als gäb es Auschwitz nicht,
Der Wille zum Erkennen,
Er ist der Weg zum Licht.

Auschwitz, immer wieder denken,
Uns in seinen Opfern sehn,
Sollte jeden Menschen lenken,
Nie ein Auschwitz neu entstehn.

* Aus LP »Schattensaiten« 1975
von Gerd Knesel, Text H. Scheurer

Noch nicht bzw. nicht mehr veröffentlichte Gedichte

I. Neue Gedichte

1. Keine Empfehlung mehr
2. Vielleicht, vielleicht, vielleicht
3. Singen mit Theo Lingen
4. Fasten auf dem Kahlen Asten
5. Der Tritt
6. Zwei Ehrenmänner
7. Hanswurst und der Apfel
8. Alfreds Tage
9. Geranien aus Spanien
10. Alfreds Seele in der Kehle
11. Die Rallye
12. Die goldene Kette
13. Leinenzwang
14. Hosen an den Nagel!
15. Rest im Test
16. Spender mit Sender
17. Das K. und K. Infantrieregiment
18. K. hat F. gefressen
19. Der Riegel
20. Der königliche Lohn
21. Der fliegende Hanswurst
22. Alfred kocht
23. Die trüben Fischer
24. Würste aus Polen
25. Nicht schuldig!
26. Die Pilzsuche
27. K. mit Trecker
28. Die Paarung
29. Die dicke Edeltraut
30. Der Schneidersitz
31. Die Uhren
32. Das Rationalprinzip
33. olé, olé
34. Seit es Herbst wird

Anhang

1. Der Kreisverkehr
2. Der Einfalt Segen
3. Im Wandel der Zeit
4. Der Querulant
5. Der Menschenhandel
6. Zwei Seelen in der Brust
7. Graf und Schaf
8. Der Regenwurm
9. Oles Lebenslauf
10. Herr Schädlich
11. Das Schädliche
12. Der Schlaf des Gerechten
13. Sinn und Sinnlos
14. Glücksgefühl
15. Was lange währt
16. Die Paragraphenbeete
17. Zum ewgen Heil
18. Ihr seid in mir
19. Zum Höchsten
20. Tragt Euch!
21. Denkanstoß
22. Ein Beispiel der Verlogenheit
23. Das Herz
24. Wovon im Alter leben?
25. Lieb Vaterland
26. Pack die Sachen
27. Steinerne Erinnerung
28. Gott in uns
29. Dein Glaube
30. Mozarts BILD-Oper
31. Für Dich
32. Anwalt des Rechtes?
33. Ein Senator will nicht kuschen
34. Die Würgschaft
35. Frau der Tat
36. Höchst bedenklich

II. Gedichte aus den verbotenen Büchern

Erlebnisse im Hotel mit König Alfred und seinem Hanswurst unter Berücksichtigung der Zensur durch das Landgericht Hamburg. Der Kampf eines Bürgers gegen ein Unternehmen mit faschistoiden Verhaltensweisen Band I-VIII

König Alfred und sein Hanswurst
Ein MALBUCH mit 66 heiteren Geschichten.
Für Jugendliche im Alter von 8-88 Jahren
ISBN 978-3-8334-8037-9

Die frivolen Geschichten
mit König Alfred und seinem Hanswurst
ISBN 978-3-8334-8038-6

Sokrates läßt Deutschland grüßen –
damit Freiheit atmen kann
ISBN 978-3-8334-7988-5

Das große Kochbuch
Ein Menü für Juristen und verantwortungsbewußte Staatsbürger
ISBN 978-3-8334-7987-8

Mir reicht´s - Deutschland ade
ISBN 978-3-8334-7986-1

 Daß Liebe unser Leben durchdringt ...
ISBN 978-3-8334-7977-9

 Für Dich
ISBN 978-3-8334-7975-5

 Nur noch für Dich – Eine Liebeserklärung
ISBN 978-3-8334-7976-2